Die Existenz ist der Nichtexistenz immer vorzuziehen.
Sie beinhaltet immerhin die Möglichkeit von Glück.
Leona Stahlmann

Die Krisen halten an und überlagern sich, so als wenn sie denen Recht geben wollen, die sich als „Letzte Generation" begreifen. Klima, Pandemie, Terror und Krieg, der jetzt auch Europa erreicht hat und das mit voller Brutalität. Wir sind in der Postdemokratie angekommen. Während anderswo aufbegehrt wird, mit der eigenen Existenz, bis zum Letzten, scheinen viele nicht begriffen zu haben, was es zu verteidigen gilt. In Belarus hat der Staatsterror gesiegt, seit Monaten sitzen Frauen und Männer in Haft, die endlich demokratisch leben wollen, so wie auch in Russland, und selbst in China formiert sich Widerstand. Im Iran lassen sich die Frauen von den patriarchalischen Mullahs und ihrer gewaltsamen Doppelmoral immer weniger einschüchtern. Wir können nur respektvoll staunen, uns solidarisieren und helfen, so wie wir es eindrucksvoll mit der ukrainischen Bevölkerung seit dem Angriffskrieg gegen die Ukraine praktizieren.
Und die Literatur? Ist sie auch in der Krise? Zunächst sind für die deutschsprachige Literatur die Auswirkungen der Corona-Jahre festzustellen. Zwar wird mehr gelesen, aber die unmittelbare Begegnung mit den AutorInnen beginnt erst wieder zögerlich. Das gilt auch für Museen, Theater, Konzerte und Kinos. Kultur, so scheint es, verliert weiter an gesellschaftlicher Bedeutung. Der notorische Hinweis auf die Relevanz von Kultur gerade jetzt wird da kaum genügen.
Was die Pandemie allerdings ebenfalls verändert, das sind die Inhalte der Literatur. Leona Stahlmann konstatiert, dass es „mehr Bedarf für neue Geschichten als je zuvor" gibt. Die „Narrative der letzten Jahrhunderte" laufen aus. Grund genug danach zu fragen, wie die jüngeren SchriftstellerInnen die Krisen erfahren und wie sie diese literarisch verarbeiten. Was erwarten die jüngeren SchriftstellerInnen von der Zukunft? Was ist der Antrieb ihres Schreibens?
Wir danken allen BeiträgerInnen für Ihre Mitarbeit, die Texte und für geduldige Antworten auf Fragen in unseren Interviews. Sehr dankbar sind wir der in Halle wirkenden Künstlerin Franca Bartholomäi, die uns für diese Ausgabe der allmende neueste Druckgrafiken zur Verfügung gestellt hat.

Hansgeorg Schmidt-Bergmann
Matthias Walz

allmende Nr. 110
Dezember 2022 · 42. Jahr

Redaktion
Hansgeorg Schmidt-Bergmann
Matthias Walz

Herausgegeben von Hansgeorg Schmidt-Bergmann
im Auftrag der Literarischen Gesellschaft, Karlsruhe

Literarische Gesellschaft
PrinzMaxPalais · Karlstr. 10
76133 Karlsruhe
Telefon: +49 (0) 721 133-4087
info@literaturmuseum.de
www.literaturmuseum.de

Verlag
mdv Mitteldeutscher Verlag GmbH
Am Steintor 23
06112 Halle (Saale)

Telefon: +49 (0) 345 233 22-0
Telefax: +49 (0) 345 233 22-66
info@mitteldeutscherverlag.de
www.mitteldeutscherverlag.de

Gesamtherstellung
mdv Mitteldeutscher Verlag GmbH

Bezug & Abo
mdv Mitteldeutscher Verlag GmbH
Telefon: +49 (0) 345 233 22-0
Telefax: +49 (0) 345 233 22-66

Eine Kündigung ist innerhalb eines Vierteljahres nach Lieferung des letzten Heftes möglich.

Preise
Einzelbezug 12,00 €/12,40 € (A)/16,80 sFr
Abobezug 10,00 €/10,80 € (A)/14,70 sFr
epub 9,49 € / 9,80 € (A) / 13,30 sFr

allmende erscheint 2 × jährlich

ISSN 0720-3098
Einzelbezug: ISBN 978-3-96311-620-9
Abobezug: ISBN 978-3-96311-621-6
epub: ISBN 978-3-96311-660-5

U1 Franca Bartholomäi: Balance, 2020, Holzschnitt, Druckmaß 42 × 30 cm
U2 Franca Bartholomäi: © Matthias Ritzmann
1 Hansgeorg Schmidt-Bergmann: © FotoFabry
1 Matthias Walz: © MLO
4 Franca Bartholomäi: KAPUTTMACHEN, 2020/21, Holzschnitt, 90 × 115 cm
9 Katharina J. Ferner: © Mark Daniel Prohaska
10 Franca Bartholomäi: Brandstifter, 2021, Holzschnitt, Druckmaß 28 × 34 cm
19 Florian Schlederer: © Heribert Corn/Zsolnay
20 Franca Bartholomäi: HORIZONT (Am Tag danach), 2009, Holzschnitt-Diptychon, zweimal 65 × 94 cm: © Jürgen Domes
30 Alexander Graeff: © Sarah Berger
31 Fotografie aus der Serie „Mit bebenden Händen“: © Verena Gotthardt
36 Fotografie aus der Serie „Mit bebenden Händen“: © Verena Gotthardt
39 Verena Gotthardt: © Sima Prodinger
40 Fotografie aus der Serie „Mit bebenden Händen“: © Verena Gotthardt
41 Franca Bartholomäi: EQUUSATION (Angriff), 2015 Holzschnitt, 21 × 30 cm
50 Mirjam Wittig: © Stefan Klüter
51 Franca Bartholomäi: Vorm Ende der Stille, 2019, Holzschnitt, 42 × 60 cm
56 Mara Genschel: © Annette Mück
57 Franca Bartholomäi: Die Entscheidung (Doppelgängerin), 2011, Holzschnitt-Diptychon, zweimal 67 × 97 cm
62 Slata Roschal: © Ammy Berent
63 Franca Bartholomäi: BELLA BELA (Kurzhaarkind), 2021, Holzschnitt, 60 × 90 cm
65 Leona Stahlmann: © Niklas Hoffmann
67 Franca Bartholomäi: Mitternachtsstunde, 2018, Holzschnitt, 60 × 120 cm
72 Elias Hirschl: © Petra Weixelbaum
73 Franca Bartholomäi: TOTLAND (Augen), 2009, Holzschnitt, 25 × 33 cm
78 Clemens Bruno Gatzmaga: © Julius Erler
79 Franca Bartholomäi: STILLES VOLK (Mädchen mit Wolke), 2006, Holzschnitt, 23 × 30 cm
90 Sara Ehsan: © Titus Tamm
91 Franca Bartholomäi: Kante, 2020, Holzschnitt, 42 × 60 cm
97 Barbara Honigmann: © MLO
98 Thomas Thiemeyer: © privat
99 Ana Marwan: © Una Rebić
99 Emine Sevgi Özdamar: © Heike Steinweg, SV
99 Serhij Zhadan: © Ekko Schwichow, SV
100 Jan Faktor: © Joachim Gern
100 Andrej Kurkow: © Fotowerk Aichner

Dank für die großzügige Unterstützung an

Prof. Dr. Matthias Siegmann, Rechtsanwalt am Bundesgerichtshof

5

11

21

32

42

52

58

64

68

74

80

KRISE ALS LEBENSFORM? NEUE TEXTE

KAPUTTMACHEN, 2020/21, Holzschnitt, 90 x 115 cm

KATHARINA J. FERNER

Achtung: Literatur! Von der Sehnsucht nach dem ungestörten Schreiben.

Als ich noch zur Schule ging war Literatur für mich bereits breiter aufgefächert, als für die meisten. Erstens, beinhaltet der österreichische Deutschunterricht nicht allein die deutschsprachige Klassik, sondern bespricht glücklicherweise auch zeitgenössischere Werke aus den eigenen Reihen. Zweitens bekam ich durch die Wahl des zusätzlichen Literaturschwerpunkts weitreichende Einblick in die reale Lesungswelt. Ein Gewinn, der mein Verständnis dafür, was Schreiben eigentlich bedeutet, vielleicht früher prägte, als andere Autor:innen. Viele Jahre lang setzte ich außerdem den Begriff zeitgenössisch der Bedeutung von lebend gleich und richtete danach mein Leseverhalten aus. Die Begegnung war eine andere, die Lebenswelten schienen mir näher, brennender und das empfinde ich teilweise noch heute so.

Woher kommt dann die Inspiration?

Wir inspirieren uns selbst. Wenn ich nicht schreiben kann, greife ich zu Büchern inspirierender Frauen. Ingeborg Bachmann, Ilse Aichinger, Sylvia Plath, Mascha Kaléko. Ich suche mich zwischen ihren Worten, finde Halt darin. Ich verlasse meine Komfortzone. Spreche mit Kolleg:innen. Wir arbeiten alle unterschiedlich und doch gleich. Ich bewundere, wenn es jemand den ganzen Tag am Schreibtisch aushält. Andere bewundern mich für dasselbe. Wir arbeiten unbewusst. Wir tauschen uns aus. Es gibt Tage, an denen ich in meinem Lieblingscafé Zuflucht suche. Aber da sitzen schon drei, die ich kenne und hacken in ihre Laptops. Wir begrüßen uns knapp. Wir sprechen nicht darüber, woran wir arbeiten. Darüber können wir sprechen, wenn wir uns später auf der Straße begegnen, wenn wir den Laptop zugeklappt haben, vielleicht sogar im Rahmen einer Veranstaltung. In diesem Moment aber beherrscht meinen Kopf nur der Gedanke: bitte jetzt nicht ansprechen.

Denn hat man erst einmal die Textbausteine im Kopf, ist die Schreibruhe vorhanden, darf sie durch nichts mehr unterbrochen werden. Das Gemurmel im Kaffee kann zu einem Klangteppich werden. Wovon wir aber auch als Schreibende oft unterbrochen werden, abgesehen vom Außenleben, sind die eigenen Smartphones und dringliche Terminanfragen. Die Erwartungen, Dinge sofort zu beantworten oder umgehend zu liefern. Das literarische Schreiben, das scheinen manche zu vergessen, ist der Erstellung eines Gebrauchstextes nicht gleichzusetzen. Es passt nicht immer in Fristen- und Zeichenrahmen. Natürlich gehen wir Kompromisse ein, halten uns an Normseiten, bewegen uns in einem Rahmen. Aber oft würde ein wenig Vertrauen in die Schreibenden schon ausreichen. Es ist schließlich unsere Arbeit.

Was mich gleich zur nächsten Frage führt. Tragen Schreibende noch jenes Getriebensein in sich, das ihnen oft zugesprochen wird? Ist das Schreiben noch eine innere Notwendigkeit oder gehen dem nun fundierte Ausbildungen voraus? Ich glaube, dazu gibt es viele Wahrheiten, die jede auf ihre Weise stimmen. Es gibt Texte, die einen fordern, die einen vielleicht sogar selbst in eine Krise stürzen oder diese beim Lesen auslösen können. Es gibt Texte, die vorwiegend unterhalten, die sprachlich scharf sind, die im Gedächtnis bleiben. Es gibt Texte, die sind so aktuell, dass sie nach Erlöschen der Situation wieder in Vergessenheit geraten.

Selbstverständlich gibt es gesellschaftliche, politische, weltbewegende Themen, die sich in den Vordergrund drängen. Manchmal fallen auch sie unter die Kategorie der inneren Notwendigkeit. Man kann über ein Ereignis, eine Weltlage nicht schweigen, man will und muss schreibend etwas einwenden, sich äußern. Sei es gegen den Krieg, zur Klimakrise, zur Pandemie. Manchmal wird eine starke Position gefordert. Doch wie kann ich mich als Einzelperson verorten, aus welcher Situation heraus sprechen ich? In meinem Fall, weiße Europäerin, mittleres Alter, Pronomen she/her. Keine Triggerwarnung vor dem Text. Außer vielleicht. Achtung: Literatur! Kann ich literarisch andere Pronomen, Geschlechter, Identitäten annehmen? Ich denke schon. Muss ich meine persönliche Meinung immer in mein Schreiben mithineinnehmen? Ich finde nicht.

Als Autor:innen treten wir heute oft aus unseren Texten hervor, werden vor sie gezerrt, sollen ihrer öffentlichen Deutung beiwohnen. Das kann schön sein, aber auch zermürbend. Und wieder läuft man Gefahr, vom Wesentlichen abgelenkt zu werden: dem Schreiben an sich. Manchmal habe ich es satt, mich ständig erklären zu müssen. Stellung zu meinen Texten zu beziehen. Ich will einfach schreiben. Ich will auch davon leben. Aber denke ich daran, ob sich Liebesgedichte gut verkaufen werden, wenn ich sie schreibe? Natürlich nicht. Ich schreibe sie aus der Liebe heraus. Aus dem Gefühl, der Sprache, um berührt zu werden und im besten Fall auch zu berühren. Schreiben kann auch Genuss sein. Ein Luxus ab und an. Gleichzeitig ist es eine Grundlage. Es ist zunächst etwas sehr Technisches zu dem wir spätestens in der Schule befähigt werden. Eine geistige Beschäftigung wird es erst mit unseren Einflüssen und Gedanken. Was wir dann daraus machen, entscheiden wir zu einem Gutteil selbst. Heute weiß ich: Schreiben, um zu leben, heißt auch vernetzen, heißt in andere Genres blicken, offen sein, Unterstützung annehmen und Unterstützung geben.

Ich vertrete die Meinung, dass Literatur nichts muss, aber vieles vermag. Und wir, die heute Literatur schreiben, bewegen uns in einem traditionsreichen Rahmen, dem wir manchmal nachgeben, den wir brechen, mit dem wir uns auseinandersetzen, genauso wie die Generationen zuvor. Die Spielarten vermischen sich wieder. Wir bewegen uns aus den in vergangenen Jahren vorherrschenden Lesungsformaten heraus, kooperieren mit anderen Kunstsparten, performen, stellen einen Text aus. Das Hervorrgezerrtwerden hinter dem Schreibtisch hat auch gute Seiten. Es geht nicht mehr nur darum, gelesen zu werden. Es geht auch darum, gehört zu werden. Der mediale Einfluss auf das Schreiben lässt nach anderen Formen und Präsentationsmöglichkeiten suchen. Das Geschriebene wird kostbar aufbereitet. Es steht selten für sich. Aber eines ist klar, ist ein Text einmal draußen, lässt er sich nur noch schwer aufhalten. Literatur versendet sich selten. Sie mag durch eine gewisse Schnelllebigkeit in Bedrängnis geraten. Aber sie begleitet uns ständig. Ein Bewusstsein und eine Wertigkeit dafür zu schaffen, ist eine der Aufgaben, die ich mir selbst als Schreibende auferlegt habe. Und wie wir wissen, die Begeisterung für etwas überträgt sich, ist manchmal sogar hochinfektiös.

5 Fragen – 5 Antworten

allmende: *Wir leben seit Jahren in einer permanenten Krise: Klima, Corona, Krieg, ökonomische Zeitenwende und die „Neuordnung" der Welt durch die großen Mächte. Welche Rolle kommt Ihrer Ansicht nach der Literatur in diesen Zeiten zu?*

Katharina J. Ferner: Ich denke, die Rolle der Literatur ist immer dieselbe, nur die Verhältnisse ändern sich. Sie hat als Kunstform die Möglichkeit, über Geschichten, Emotionen, sowohl ein Innen, als auch ein Außen zu betrachten und den Lesenden näherzubringen. Sie selbst aber steht für sich.

allmende: *Sie gelten als eine der vielseitigsten jungen österreichischen Autorinnen: Sie sind als Schriftstellerin, Moderatorin, Redaktionsmitglied und Performerin tätig und tragen Ihre Poesie in verschiedensten Veranstaltungsformaten offensiv nach außen. Inwiefern hat die Dauerkrise als Lebensform Einfluss auf Ausdrucksformen, mit der Sie Ihre Literatur präsentieren und wie manifestiert sich das Krisenbewusstsein in Ihren aktuellen Texten?*

Katharina J. Ferner: Vorab, freut es mich, dass Sie auf die Vielseitigkeit Bezug nehmen. Tatsächlich ist mir die Überschreitung der Genres und der Einblick in verschiedene Kunstrichtungen und die Beförderung dieser sowohl durch eigene Performance als auch durch organisatorische Tätigkeiten ein großes Anliegen. Gleichzeitig erachte ich sie auch als eine Notwendigkeit, um als Poetin freischaffend bestehen zu können. Ich habe das große Glück, dass es mir Freude macht kooperativ zu arbeiten. Die Krisen sind und bleiben ständiger Begleiter der Arbeit und schlägt sich manchmal als Vorausdeutung, manchmal aber auch erst zu einem späteren Zeitpunkt in Texten wieder.

allmende: *2021 lasen Sie beim Ingeborg-Bachmann-Preis-Wettbewerb den Prosatext „1709,54 Kilometer", der in traumartigen Abschnitten immer neue Krisen und Katastrophen skizziert. Politik, Feminismus, Klimabewegung tauchen hier als einzelne Splitter auf, mit denen die Leserin bzw. der Leser konfrontiert werden. Würden Sie den Text heute anders schreiben? Welche Bedeutung hatte für Sie der Auftritt nach einem Jahr des Leerlaufs wegen der Pandemie?*

Katharina J. Ferner: Der Text hat mir eine für mich neue Kurzform eröffnet, mit der ich aufgrund der ersten Reaktionen doch zu kämpfen hatte. Mittlerweile bin ich aber überzeugter denn je, dass es genau diese Splitter braucht, die uns ja tagtäglich zugetragen werden, die nachhaltig und ungeordnet auf uns einprasseln und mit denen wir letztendlich lernen müssen umzugehen. Ich würde den Text bestimmt wieder so schreiben. Ich würde aber nicht mehr an diesem Online-Format teilnehmen. Es war ein Aufatmen nach dem Leerlauf, aber der tatsächliche Austausch danach, die tagelange Diskussion über Texte fand in meinem Kreis zwar statt, es fehlte aber die Komponente nach außen, der Austausch mit anderen Autor:innen das Erlebte zu verarbeiten. Gespräche, die sich in so einem Rahmen mit dem interessierten Publikum vor Ort ergeben.

allmende: *Ihr 2022 erschienener Gedichtband „krötentage" dreht sich ganz um das Thema Liebeslyrik und die Vielschichtigkeit und Komplexität dieses Themas. Wie entfaltet sich Liebe in Krisenzeiten? Inwiefern hat sich Ihr Blick auf Liebe verändert?*

Katharina J. Ferner: Ohne Liebe geht es einfach nicht. Egal in welcher Form. Und das soll die Vielschichtigkeit im Band ja auch zeigen. Mein Blick hat sich vielleicht bezüglich der Standfestigkeit verändert. Wenn man Liebe aus verschiedenen Perspektiven beleuchtet, beginnt man unwillkürlich die Bedeutung des Wortes für einen selbst zu hinterfragen. Und manchmal verhilft einem das auch zu Klarheit.

allmende: *Als Performerin haben Sie sich zu Beginn des 2. Lockdowns ein Projekt mit dem Titel „Homeage" in Angriff genommen: Den Schriftstellerinnen und Schriftstellern, deren Namen sich auf Salzburgs Straßenschildern finden, wird jeweils eine kleine Hommage gewidmet. Die Texte wurden von österreichischen Autorinnen und Autorinnen beigesteuert und von Ihnen am jeweiligen Ort gelesen. Wie kam es zu diesem Projekt?*

Katharina J. Ferner: Das Projekt ist tatsächlich als Gemeinschaftsprojekt mit dem Fotografen Mark Daniel Prohaska entstanden. Wir haben erst mal versucht, einen Ausweg für uns zu finden, eine künstlerische Aufgabe, die uns mit anderen Menschen verbindet, ein physisches Hinausgehen ermöglicht, aber auch ein Ziel dahinter hat. Es sind Autor:innen aus Österreich, Deutschland und der Schweiz vertreten, auch das war uns wichtig. Wenn wir die Grenzen schon so nicht überschreiten durften, dann zumindest auf diese Weise. Wir wünschen uns immer noch eine Fortsetzung in anderen Städten mit den Autor:innen vor Ort. Dafür fehlt aber bisher die Finanzierung.

Katharina J. Ferner, wurde 1991 in Salzburg geboren. Sie studierte Slawistik mit Schwerpunkt Russisch in Wien. 2017 war sie Stadtschreiberin in Hausach, 2019 erhielt sie ein Lyrik-Stipendium im Stuttgarter Schriftstellerhaus. Neben Romanen wie ihrem Debüt *Wie Anatolij Petrowitsch Moskau den Rücken kehrte und beinahe eine Revolution auslöste* (2015) veröffentlichte sie zahlreiche Gedichte, zuletzt den Lyrikband *Krötentage* (2022). Mit ihrem Text *1709,54 Kilometer* nahm sie 2021 am Ingeborg-Bachmann-Wettbewerb teil. Gemeinsam mit Kalinka Kalaschnikow organisiert sie die Lesereihe – *das nackte Wort* (2022). Ferner lebt als Poetin und Performerin in Salzburg und ist Redakteurin für die Literaturzeitschrift Mosaik. Unter dem Titel *Ferner dichtet* erscheint in der Salzburger Krone wöchentlich Poesie.

www.kj-ferner.at

BRANDSTIFTER, 2021, Holzschnitt, Druckmaß 28 x 34 cm

FLORIAN SCHLEDERER

Flüsterasphalt

Die schwarze Zunge, glatt
geteert – wie der Landschaft eingestanzt –,
offenporig verschluckt sie das Trampeln
auf den Kornblumen unserer Kinder,
ins Straßenbett wiegt sie ihr heißes Schluchzen.
Wir hören sie nicht,

die tanzenden Gräser und störrischen Disteln,
die hüpfenden Schnaken und fleißigen Hummeln,
die laichenden Lurche und keckernden Lerchen,
den sondierenden Bussard und flinken Rotfuchs,
wenn sie fehlen. Wir hören sie nicht,

die 120.000 Quadratstücke
lebendige Heimat, die wir täglich
unter lärmendem Schotter und qualmendem Bitumen
nicht zum Wiederöffnen versiegeln
sondern zu Straßengräben totfahren. Wer hört
verdurstende Regenwürmer? Wir hören sie nicht,

die Wurzeln, plattgestampft unter Hallen
einzementierter Gewinnsucht. Unser Hang entgleitet uns,
verhängnisvoll rutschen wir unseres Bodens. Halt
verlieren wir in den Muren und Schlammen,
Lebensträume fortgerissen in den Wassermassen
bald geweinter Zwangslagen. Wir hören sie nicht,

denen am Ende des Monats
ein Steinschlag den Alltag zerbricht.
Dem halsbrecherischen Systemwind
schutzlos ausgeliefert, vernetzen sich Familienrisse
zu Krisen einer verursachten Zeit. Wir hören
sie nicht,

die Verschrottung geplünderter Ortskarosserien.
Ausgediente Radkappen feiern keine Feste,
sie zerbrechen im werktäglichen Stau der rasenden Zeitnöte:
Verpasste erste Schritte,
Blockflöten, Siegestore, Abschlussreden, wir
hören sie alle nicht,

die Stimme in uns,
die es bereits weiß
und abkehrt
vom Flüstern.

Das Blatt im Wind

Letzte Woche erschien ein Todesurteil.
Es war unseres.
Doch wir mordeten
zu geschäftig, um es zu bemerken.

Die Redaktionen bestraften das langweilige Unheil
mit Seite achtzehn oder Schriftgröße null.
Niemand klickt ein sperriges Monster
wie „Weltklimabericht“ oder eine Krawattenrede
des höchsten Diplomaten der Welt.
Mit mehr als vier Worten sagte er eines:
„Jetzt!“

doch das Wort war verbraucht wie die Menschen,
die es täglich zum Frühstück kauften,
mit einer doppelten Schlagzeile to go,
und ohne es gesagt zu haben
schon ins Altpapier entsorgten.

Es war der letzte Report, der Hoffnung
gegeben haben wird, der aufzeigte,
dass es noch möglich und machbar
gewesen wäre; der finale Appell
einer Spezies an Vernunft und Gewissen
fand kein Gehör
und wurde ihr Schicksal.

In sieben Jahren erscheint der nächste,
wenn bereits alles getan hätte werden müssen.
Was soll er noch melden, im Jenseits
der Zielpfade? Vielleicht bringen sie es dann:

ein redaktionelles Erratum.
Doch warum sollten sie?
Sie taten nur, was alle taten. Nichts

wird der letzten Ausgabe bleiben als
knisternd in der Ödnis zu zerblättern und
schließlich in kapitalen Lettern zu titeln:
MENSCHHEIT AUSGESTORBEN!

Niemand wird es mehr lesen
und Beschwerdebriefe senden.

Das Gute und das Große Geld

Alles, was einmal gut war,
vereinnahmt das Große Geld.

Die augengeformte Vollendung einer Mandel,
ganzheitlich nahrhaft und nobelmysteriös,
wird weltweit in kalifornischen Farmen gebrannt –
Abholzung, Bienentod, Dürre.

Die ergonomische Perfektion eines Laufschuhs,
schonend geschmeidig und sportlichfunktional,
aus den stickigen Hallen asiatischen Stundenlohns –
Ausbeutung, Kinderarbeit, Sklaverei.

Die klimabewusste Zukunft im Straßenverkehr,
zuverlässig effizient und stadtcharismatisch,
cross-boarder-least ein amerikanischer Finanzkonzern –
Gewinn, Wachstum, Austerität.

Die tägliche Pflege einer gealterten Generation,
aufmerksam persönlich und systemrelevant,
zur Schmerzgrenze an Ressourcen ausgehungert –
Zeitnot, Privatisierung, Prekariat.

Doch alles, was wirklich gut ist,
lebt im Zwischen
der Börsenberichtszeilen,
fernab des Großen Geldes.

Kinderlachen: Auf der Rutsche erblüht
eine arglose Kameradschaft, unbekümmert
teilt das Mädchen beim tolldreisten Wasserbrunnen

seine Jause, öffnet dem Buben ein Händchen.
Er besiegelt alles Schöne zwischen ihnen
als er mit zwei Fingerchen den Mandelkern pflückt
  und ihn fröhlichknackend zerbeißt.

Vernichtung könnten diese Stimmen schreien,
oft tun sie es, ungeachtet der Folgen ihrer Demütigung.
Heute nicht: Es strahlt ein Himmel auf tausende Läufer,
der Ermutigungen Rückenwind hallt durch die Stadt.
Klatschend rufen sie hinter Bannern: „Du kannst das schaffen!"
erschöpften, laufgeplagten Fremden zu, die auf einmal
  neuen Willen und Hoffnung schöpfen.

Papa am Rad, das Töchterlein im gelbem Helm dahinter,
halten am schmächtigen Fahrradstreifen neben den Schienen
eine vollbesetzte Straßenbahn zurück. Die Fahrerin
drosselt auf Schritttempo, aus Rücksicht, überholt erst dann
als beide bereits abgebogen, einer aufrecht, eine geigelnd,
und sieht dem gelben Helm mit mütterlichem Lächeln nach als
  sei er der Sonnenschein an diesem Dienstag.

Niemand mag die alte Frau Maier, die Namen der Freundinnen
mit Kugelschreiber im Adressbuch durchgestrichen.
Zum neunzigsten klopft alltagsgewohnt
die anpackende Hand der Hauspflegerin Mira.
Auf der Veranda, hinter Sträußen üppiger Pfingstrosen,
singt ein Frauenchor in volkshilferoten Uniformen festlich
ein Bauernlied aus ferner Kindheit –
  und plötzlich klatscht das Maier-Annerl im Takt.

5 Fragen – 5 Antworten

***allmende:** Sie setzen sich für Klimaschutz ein und engagieren sich bei „Fridays for Future". Woher kam die Motivation, persönlich so aktiv zu werden? Sind Sie erst aufgrund der Krisen zum Schreiben gekommen? Wie hat sich die letzte Zeit auf Ihr Schreiben ausgewirkt?*

Florian Schlederer: Schon in der Schulzeit und während des Physikstudiums schockierte und deprimierte mich unser Umgang mit der Umwelt. Ich blieb jedoch weitgehend inaktiv. Erst als meine jahrelange Freundin Katharina Rogenhofer in Österreich Fridays for Future initiierte, verstand ich die Dringlichkeit der Klimakrise. Schon bei +2 °C Erderhitzung werden Teufelskreise ausgelöst, die eine Erwärmung weiter anfachen, ohne dass wir Menschen etwas daran ändern werden können. Wir verlieren endgültig die Kontrolle. Das darf unter keinen Umständen passieren. Als ich diese rote Linie verstand, und die Inkompetenz der Politik sah, ihre eigenen Klimaversprechen einzuhalten, da war es nicht Motivation, sondern förmlich eine Verantwortung, sich mit aller Kraft für Klimaschutz einzusetzen. Und dann in diesem heiklen Zeitfenster unserer Zivilisation nicht über die ökologischen Krisen zu schreiben, das wäre wie, wenn man in den 1930ern „Mein Kampf" verstanden, aber nichts getan hätte, um mit dem eigenen Schreiben den Nationalsozialismus zu verhindern.

***allmende:** Wie hat man sich die Zusammenarbeit mit Co-Autorin Katharina Rogenhofer beim Schreiben des Buches „Ändert sich nichts, ändert sich alles" (2021) konkret vorzustellen? Wie kam es zu dieser Zusammenarbeit?*

Florian Schlederer: Es war am ersten Tag auf der Physikfakultät vor zehn Jahren, da begann diese tiefe Freundschaft. Auch das literarische Schreiben verband uns, wir gründeten damals sogar einen kleinen Literaturkreis unter Kommiliton:innen. Als die Idee eines Klimasachbuchs Form annahm, war erstens klar, dass wir es gemeinsam schreiben würden, und zweitens, dass es narrative Teile beinhalten würde. Schließlich sind all die Fakten und Lösungen der Klimakrise vielfach abgedruckt – jedoch fehlen emotionale Geschichten, über die sie einem zugänglich werden. Sobald ein vager inhaltlicher Plan gefasst war, begann eine:r von uns den Entwurf einer Passage. Nach so einem Aufschlag lieferten wir uns einen langen Ballwechsel. Abschließend wurden sämtliche Anekdoten, Parabeln und Faktenteile zu einem Amalgam unserer Stile und unseres gemeinsamen Wissens.

***allmende:** Sie kennen die Zusammenhänge zwischen Ökologie, Wirtschaft und Politik – erst recht in schwierigen Pandemiezeiten. Wie schwer war es, diese einfach, aber nie vereinfachend zu erklären?*

Florian Schlederer: Wenn man etwas nicht einfach erklären kann, hat man es nicht wirklich verstanden. Diese Philosophie von Physik-Nobelpreisträger Richard P. Feynman hat mich geprägt. Generell hat Katharina ein unfassbares Gespür, komplexe Zusammenhänge herunterzubrechen. Sie tut das mühelos und aus dem Stegreif. In Retrospektive führte auch meine Laufbahn mich stets zu Gelegenheiten, das zu kultivieren: Als Physiklehrer, als Wissensvermittler im Planetarium, dann als Kurator einer KI-Ausstellung im Technischen Museum Wien und jetzt als Science Writer am Institute of Science and Technology Austria. Wir richteten unser Buch gezielt an jene, die sonst keine Klima-, ja womöglich gar keine Sachbücher lesen, die noch inaktiv sind und bei denen die Dringlichkeit noch nicht eingesunken ist. Wir nahmen also gar kein Vorwissen an und begannen überall von ganz von vorne – was letztlich auch uns half, alles noch einmal von Grund auf durchzudenken.

***allmende:** In den vergangenen Monaten wurden Deutschland, Europa, ja die Welt, neben der Klimakrise noch mit zahlreichen weiteren Notlagen konfrontiert und die Aufmerksamkeit der Masse beansprucht. Wie stark schätzen Sie den Rückschritt der Klimarettung durch diese Krisen ein?*

Florian Schlederer: Rückschritt? Der wesentliche Punkt ist doch gleich geblieben: Wir haben es in der Hand. Unsere Politiker:innen können diese Krisen nutzen, um die tiefgreifende, längst überfällige Transformationen einzuleiten. Sie tun es aber derzeit nicht. Als Bürger:innen können wir gesellschaftlichen Druck ausüben, damit sie ihre Versprechen und Verträge einhalten. Wir tun das aber derzeit nicht. Corona hat uns gezeigt, dass Geld im Überfluss vorhanden ist, dass schnelle Maßnahmen möglich sind. Der Krieg hat uns gezeigt, dass wir aus fossilem Gas rausmüssen, dass wir fossile Abhängigkeiten von autoritären Regimen minimieren sollten. Der Aufschwung von Populismus zeigt uns, dass demokratische Partizipation, starke Sozialpolitik und ein gut ausgestattetes Bildungswesen fundamental wichtig sind. Wir könnten uns jetzt eine gerechtere und ökologisch intakte Welt gestalten, wenn wir nur endlich das Wohlbefinden und die Menschen in den Mittelpunkt rücken. Wenn uns die jetzigen Notlagen darauf kalibrieren, dann werden sie der größte Fortschritt der Menschheitsgeschichte gewesen sein.

***allmende:** Sie haben sich als Ziel gesetzt, Wissenschaft und Nachhaltigkeit zu vermitteln. Wie passt Ihre Lyrik dazu? Ist das die literarische Form, welche Ihr Anliegen momentan am besten transportieren kann? Wen wollen Sie damit erreichen?*

Florian Schlederer: In Zeiten, wo wir möglichst viele Menschen schnell erreichen müssen, scheint Lyrik ein wahrlich falsches Medium. Marcel Reich-Ranicki wetterte damals nach dem Mauerfall im Literarischen Quartett, dass engagierte Autor:innen im Osten mehr Erfolg mit Zeitungsartikeln als mit Literatur gehabt hätten. Schließlich muss engagiertes Schreiben, um seinem Anspruch gerecht zu werden, Popularität anstreben – und sich selbst stilistisch diesem Ziel unterwerfen. Zum einen veröffentlichen wir ja seit Jahren Zeitungsartikel (oder das heutige Äquivalent: Social Media-Videos). Die Empörung darin ließ selten Raum für vielschichtigere Emotionen. Zum anderen bohrt sich Literatur einen Weg ins tiefere Verständnis, in die menschlichen Konflikte und die ureigenen Dilemmata. Manchmal findet sie einen Ausdruck nahe am Kern der Dinge. Ich bin überzeugt, wir brauchen tausende Autor:innen, die sich an diesen Themen auszeichnen. Tausende haben an der Bewältigung des 2. Weltkriegs teilgenommen. Sind wir diesmal doch bitte nicht wieder Jahrzehnte zu spät, sondern verhindern das Leid präventiv, arbeiten nicht auf, sondern daran. Ich denke, die Kunst war niemals mehr gefragt, die Herzen der Menschen zu bewegen. Was nützt uns jegliche künstlerische Freiheit, wenn wir sie jetzt, im entscheidenden Jahrzehnt, nicht für das Wohl der Gemeinschaft einsetzen? Sie sehen: Diese Gedichte sind für Sie, Leser:innen einer Literaturzeitschrift, um Sie zu ermutigen, sich selbst mit Ihrer eigenen Form an Ihre Leser:innen zu wenden und für das zu gewinnen, was gelingen muss.

Florian Schlederer, geboren 1992 in Gerasdorf bei Wien, studierte Physik und Philosophie in Wien, Oxford und Tokio. Er engagiert sich bei „Fridays for Future", dem österreichischen Klimavolksbegehren und gründete als Kurator die internationale Initiative „Museums for Future". Derzeit sucht er als Kommunikationsleitung am Institute of Science and Technology Austria (ISTA) die besten Narrative, um Wissenschaft und Nachhaltigkeit zu vermitteln. 2021 erschien gemeinsam mit Katharina Rogenhofer das Sachbuch *Ändert sich nichts, ändert sich alles. Warum wir jetzt für unseren Planeten kämpfen müssen.*

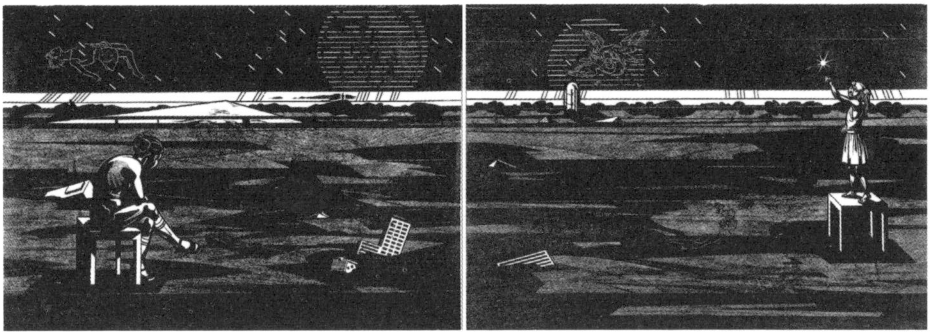

HORIZONT (Am Tag danach), 2009, Holzschnitt-Diptychon, zweimal 65 x 94 cm

ALEXANDER GRAEFF

Epische Sozialforschung

Am 9. November 2021

Ich als Narrativ würde
Anders sprechen ohne
Nägel in den Worten
Würde leidenschaftlich mit der
Mehrheit brüllen eine
Lehre machen statt
Hunde kastrieren.
Ich als Narrativ wäre nach
Babylon gegangen um der
Schuld zu entkommen
Würde die Scham aus den
Nebenhöhlen schlagen &
Genauso versagen an den
Verhältnissen damals heute
Aber niemals verzeihen.

Container

Hohlräume ergeben eine
Stadt der Linien die
Abgeriegelt wurde darin
Verkehr mit wuchtigen
Vehikeln völlig ohne Körpergrenzen
Löschkalk in Schrebergärten.
Weißt was fehlt : konstruktive Konzepte &
Ziele müssten optimiert werden
So steht der Turm mit Bodenwurzeln
So engagiert erträumt.
Jedes Wimmeln ist ein Graus
Infernal beklemmend schauderhaft
Jedes Sirren ein Suchen um des
Suchens willen
Partout verdrängt den
Aufbruch der amorphen Wesen.

Urne

Nimm Platz es bricht schon
Alles auseinander im penetranten
Wohnblock Werkstück des
Gartenstadt-Feelings für
Unerzogene erogene
Zonen für die lebenslange
Suche nach kulturellem Kapital
Balkone als Blitzableiter für
Vergangenheit aus Stahl Farbe
Sand die Mäntel braun (oder beige)
Lackierte Fassaden der
Traum von Wintersport-
Anlagen Kreuzfahrten für den
Mythischen Mittelstand.

Fahnenschwenker

Worauf sich berufen wie die
Metaphern vom Wurzelwachstum wider-
Legen sich auf Straßen schreien
„Wir sind das Volk!"* in den eigenen
Reihen Polizistenglück um die
Ecke gebracht Zugehörigkeits-
Gewimmel deutsche Verhältnisse seit 33
Macht euch die Erde Untertan
Feierstunde Vergissmeinnicht
Blaue Blumen am Revers Verkehrs-
Wende eingeleitet wie die
Rettung der Wale Winter-
Bären ausgerottet aus
Gründen die zum
Himmel stinken.

* „Deutscher Volkszugehöriger im Sinne dieses Gesetzes ist, wer sich in seiner Heimat zum deutschen Volkstum bekannt hat, sofern dieses Bekenntnis durch bestimmte Merkmale wie Abstammung, Sprache, Erziehung, Kultur bestätigt wird." – Bundesvertriebenen- und Flüchtlingsgesetz (BVFG) § 6 (1), ursprüngliche Fassung von 1953, 2007 bestätigt.

Verletzliche Menschen

Am 13. Februar 2022

Eine Frau sendet Signale außer
Rand Ränder ein Band für die Nationen
Krisen prägen Worte Wahlen zum
Staatsoberhaupt kurz vor einem
Neuen Krieg einer
Neuen Pandemie einer
Neuen LP mit kitschigem Cover
Thema von Debatten Sprach-
Anpassung „Muss das sein?“
Die Schar der Wirbellosen gegen
Ewiggestrige gewappnet Macht-
Verhältnisse ungeklärt
Verschluckt an der
Umgebungsselektion.

Molotov

Die Rückkehr des Pathos die
Rückkehr der Kriege im außer-
Diskursiven Raum Direktmarketing als
Gewaltkampagne lasst uns
Cocktails basteln statt zu trinken.
Absurde Idee : Stichflammen gegen
Panzer & Raketen aus Mutlosigkeit aus
Bedrängnis angewandt für die
Freiheit (wtf?) erstritten als
Mixgetränk mit exothermer Reaktion
Unverhältnismäßigkeiten letzte
Verzweiflung
Aufbäumen.

Double Bind

Die Stars aufm Banner sind keine
Pentagramme stattdessen Seestern-
Nachbarn aus dem Wasser
Ozeanische Existenzen keine
Verstecke keine Löschungen die
Lösungen sind flexible Varianten.
KI als zersägte Programme : die
Herrschaft der Männer & ihre
Furcht vor der Herrschaft der
Maschinen Kantholz ohne Antennen
Lächerliche Raumschiff-
Kapitäne dagegen deine
Anatomie ohne Hierarchie kein
Dynastisches Verrenken kein
Väterliches Denken bloß
Reproduzieren fürs
Tentakuläre Terraforming.

Image

Für Brenda Howard

Hierarchie ist das Problem des
Ursprungs der Mythos die Fiktionen
Ohne Unschuld alle Mühen gegen das
Wasser in den Flüssen
Begradigen das Ziel
Betonkorsett für Schiffsverkehr
D. h. nur mit Kapitän.
Deine Revolution für Ungenauigkeit hat
Zukunftswert ein Befreiungs-
Schlag der Signifikate
Rollenwechsel Perspektive entdeckt
Dein rätselhafter Muschelblick auf die
Gebeugten Wesen.

Planetarische Legenden

Handeln vom Ganzen doch
Alles ist nichts sagen die
Stummen sagen die Ge-
Glückten die ihre Beine
Verrenken Atem & Herz-
Schlag unterdrücken ihre
Welt wird unsichtbar ihre
Blessuren verschwinden sie
Zerschneiden die Fäden zer-
Brechen die Gelübde einer
Irdischen Verzückung. Und
Während sie schlafen Männer-
Träume produzieren ver-
Unglücken die Wortreichen des
Planeten.

reproduzieren

Alles fressen mit
Vehikeln fahren aus den
Himmeln fallen überdecken der
Krisen die geliebten
Artefakte in den
Weltraum schießen meine
Texte sind nicht ausgeschrieben ein
Ich in der Zeit fehlt dafür.
Kommt von dort wo das
Talmi lebt keine Südseeperlen an der
Kette hört den
Sound in (t)euren Uhren
Wollt sie bloß wiegen um die
Zukunft zu vergessen.

Alexander Graeff, Schriftsteller und Philosoph, arbeitet auch als Literaturvermittler und Dozent. Graeff schreibt Lyrik, Prosa und Essay, unter anderem für die Frankfurter Rundschau. Er ist Leiter des Programmbereichs Literatur im Berliner Kunst- und Kulturzentrum Brotfabrik sowie Initiator der Lesereihe *Schreiben gegen die Norm(en)?*. In der Queer Media Society engagiert er sich für mehr Sichtbarkeit queerer Personen und Stoffe im deutschsprachigen Literaturbetrieb. Er lebt in Berlin und Greifswald. Letzte Veröffentlichungen sind die Essays *Queer* (2022) und *Tentakel ausbilden* (2022) sowie der Lyrikband *Die Reduktion der Pfirsichsaucen im köstlichen Ereignishorizont* (2019).

www.alexander-graeff.de

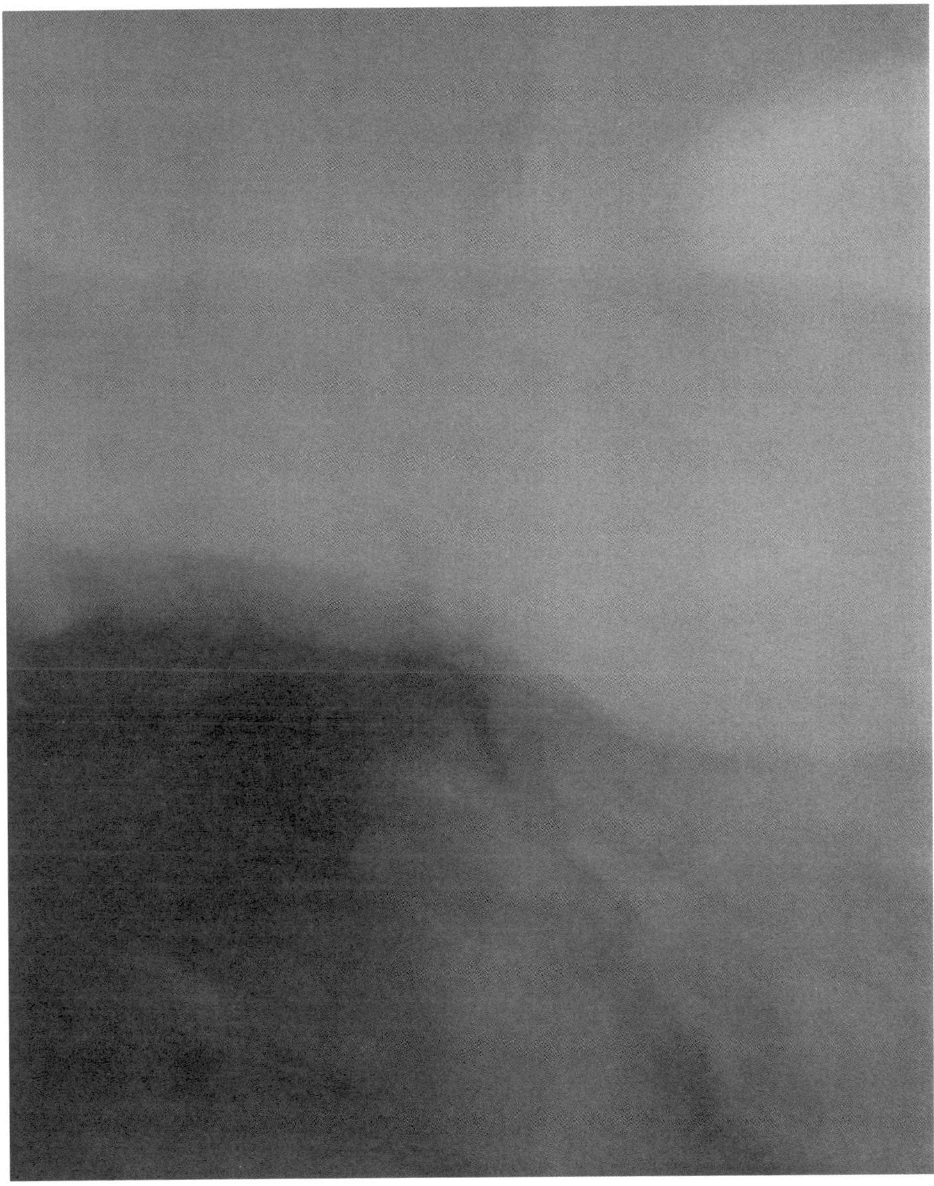

Verena Gotthardt: Fotografie aus der Serie „Mit bebenden Händen“

VERENA GOTTHARDT

VON GESTERN

//

gestern war die Welt hell und ich habe die Blumen, die weißen Blumen aufgehoben, die mir Ä. am letzten Tag gegeben hat. gewusst, dass die mit den kleinen Kügelchen, die aussehen, wie Schnee oder, was übrig bleibt vom Winter, dass diese mir die liebsten und H. auch. hat sich daran erinnert, dass ich beim Floristen immer und besonders gerne nach dem Grünzeug frage und von einem Strauss voll Grünzeug vor meinen Augen eingeschlafen und davon geträumt. der letzte Tag also. schon der zweite in zwei Wochen. gibt nur mehr solche und bis etwas Neues und Frisches ans Fenster und an den Hinterkopf klopft. wie der Specht. sachte und mit den Fingernägeln kurz gekratzt – das Lästige aufgeraut. jemanden einmal sagen gehört, dass der Vogel seinen Kopf so lange an den Baum schlägt bis er bleibende Hirnschäden und daran zugrunde geht. bleibt wohl doch nicht verschont von jeglicher Erschütterung. und gestern die Menschen angeschaut am Markt. zurück und angekommen an dem Ort, der nie mehr weggeht. wie der Spruch mit dem Baum, der im Wald fällt und ob das wirklich, wenn es niemand hört. ob die Stadt auch noch da, wenn ich nicht. weiter. war also Teil vom Marktgeschehen und beim Saftladen gewartet bis die Karotten nicht mehr da und verschwunden im Glas und in meiner Magengrube. kurz überlegt ob noch ein viertel Liter oder ob ich's lassen soll. dann gewartet bis ich entschieden und wieder weiter und mich hingesetzt. die Beine ausgestreckt weit und vor mich geworfen. hoch und weit. und ich kann gar nicht mehr sagen, was da in mir so eine Wucht und mich zittrig gemacht. bin ich plötzlich zu dem Specht geworden und sitze für einen Moment hoch auf einem Ast und weht der Wind die Baumkrone beinahe nieder. klopfe mit dem Schnabel mit derselben Wucht, die Leute ein Reiskorn aufheben lässt, aber für einen Vogel wuchtig und mit voller Kraft dagegen. schüttelt es mich und bin dann doch wieder eine mit zehn Fingern an den Händen und zehn Zehen an den Füßen. und gestern noch daran gedacht, wie gut es doch wäre kurzzeitig hier und da etwas zu verlernen oder vergessen oder was das ist. wie der Specht, der sich das Hirn weg und immer weiter gegen die Rinde.

//

wir gingen hoch oben auf einen Hügel und von der ganzen Stadt war nichts übrig geblieben. war alles fern und weit und ich konnte nur noch das Rascheln der Blätter hören. sonst war wirklich nichts übrig geblieben. der Steinbau war da, ja, aber das Rascheln der Bäume war's, dass mir jetzt noch immer im Kopf und in den Ohren hängen geblieben ist.

//

gestern haben C. und ich nach jahrelanger Freundschaft bemerkt, dass wir beide gleich groß und sofort Rücken an Rücken mit einem Buch auf unsere Köpfe um zu sehen, ob das wirklich so. das Buch gerade gelegen und hat sich nicht auf die eine oder andere Seite fallen lassen. war kurz verwundert, aber dann sofort bemerkt, dass ich sie immer mit geradem Blick angesehen und erfasst.

//

einen Sommer lang so getan, als wäre das nun für immer und bleibend. hat sich am Morgen ein Ast vom Baum gestohlen und ist mit der Spitze auf die feuchte Erde gefallen. nur die Eulen und ich haben es gehört. leise rauschend oder wie eine Stromleitung unter Wasser. ein schleifendes Geräusch. nur hörbar, wenn man müde zurückkehrt. von irgendwo wieder daherkommt. wenn man tief versunken gewesen ist in einer Sprache oder einem Gefühl.

//

bin meinem Großvater im Zug nach K. begegnet. er sieht dem Wasser zu und sagt, er sieht schon Tulln oder die Tulpen. und wie er über das Schiff spricht. in sich hinein redet. zieht die Ortschaft lange schon einen grünen Streifen neben uns. und ich frage mich, wer das eigentlich ist. aber zuckt genau so mit den Finger wie er. bemerke dann, dass ich meinen Großvater mein ganzes Leben lang in keinem Zug sitzen gesehen habe. verwandelt sich das Fenster und der Sitz dann auch schnell in eine einfache Küchenbank. eine, die ich noch gut im Kopf und jeden Riss im Holz zeichnen könnte.

//

bin gestückelt aufgewacht. an mir hinunterblickend sehe ich, dass meine Finger nun zur Gänze von mir abgefallen sind. schon wieder. ich wundere mich nicht. waren doch schon gestern ganz lose und locker.

//

wir saßen draußen. kein Fingerzucker, kein Zerren, nichts. außer der tiefen Sonne und wir, wie wir die Goldfische in unseren Händen zählten. ließen sie wieder frei. klatschten mit den Händen solange bis sie trockneten. wir saßen draußen unter dem Baum mit den orangenen Knospen. ich fragte mich ob die Früchte schon reif oder. dann zwängt sich der Satz in meinen Kopf. einer, der schon längst auf Papier gerettet oder abgestreift. manchmal schmerzt alles, besonders die Augen.

//

eine nebelartige Luft und eine nebelartige Landschaft durchquert

//

mit bebenden Händen schreibe ich lange etwas, dann lange wieder nichts. winkender Abschied. oder soll ich die gelben Blätter zurück an die Äste kleben. blühender Holunderzweig in dem ich hängen geblieben bin oder wie soll ich sonst sagen. im Norwind verheftet. lässt es sich die Zeit nicht nehmen. reißt alles an sich. lässt mir nur das Bild von J., wie sie mit den bloßen Händen in die Disteln greift.

//

sie hat es schon wieder getan. die Sonne. sie hat es schon wieder. dabei hat sie versprochen und ihr Wort gegeben, dass sie dieses Mal nicht einfach so unter und dann wiederkommt, als wäre nichts gewesen. hat den ganzen Tag auf der Haut getänzelt. hat das Wasser überredet mit ihrem Glanz. es soll Wellen schlagen. sie hat es schon wieder getan. du hast es schon wieder gesehen. ich stand daneben. alle haben gesehen. wie ich die Straße hinauf gewandert und nichts wirklich erblicken konnte, weil mir die Sonne doch zu dieser Zeit immer schräg ins Gesicht und grell in meine Augen leuchtet. die Leute hatten keine Augen mehr, keine Nasen. sie hatten nur Ohren, die an den Seiten hervor blitzten. es gab keine Farben mehr, die man benennen konnte. war alles entweder grell oder verschlungen. eine Dunkelheit eben. dann war sie plötzlich verschwunden. ist hinter den vielen Häusern nacheinander untergegangen. öfter sogar, ja. sie hat es gestern öfter getan. und wie ich ihr hinterher gewandert bin. mindestens eine Stunde lang. die Stadt mit ihren vielen Dächern hinter die ich blicken sollte. mit den Gedanken in den Wolken gehangen bin. spätabends dann eingeschlafen oder war eben einfach weg, habe mich weggestohlen und gehofft, dass da wo ich hin sich auch die große gelbe Kugel versteckt hält.

//

bin mit den Augen im Frühling kleben geblieben.

//

gestern etwas erblickt. ein Anfang. aus Notizen zitiert: ich glaube, es hätte gereicht, wenn es an diesem Tag nicht geregnet hätte. wenn der Wind ein wenig schwächer geweht und die Wolken ein wenig niedriger gestanden wären. gereicht hätte es, wenn sie mit dem Finger gezuckt oder sich eine Wimper ausgerissen und nach mir geworfen hätte. es hätte mit großer Gewissheit gereicht und ich glaube, ich hätte an diesem Tag anstelle mich aus dem Bett zu erheben, im Schlaf umgedreht und ich wäre geblieben.

//

etwas, wie soll ich sagen, das entrückt ist und seit einiger Zeit wieder da, sitzt mit uns. grau gefärbt mit langen Haaren. kehrt den Boden. wirbelt mit dem Staub. er hat keine Erinnerung. der Staub hat kein Gedächtnis. er legt sich dort nieder, wo es ihm gefällt. wo die Risse tief und fein. ein alter Meister. wie er durch die Luft und sich hochzieht, sobald es durch die Fenster blitzt. ein Athlet seiner ganz eigenen Art. hätte es beinahe vergessen. dass der Staub gefinkelt, aber doch. lässt mich ihn nie ganz vergessen.

//

der Wind ging. und zwar so stark wie schon lange nicht mehr. so stark, dass er mich an den jungen Herbst erinnerte, so wie jetzt, wo es recht früh schon dunkel und diese Dunkelheit wie eine Krankheit plötzlich da steht vor einem oder man selbst davor oder darin, ich will sagen, dass mein Kopf aus dem Zugfenster ragte, wie immer schnell wie die Schwalben und ich schon an der Ortschaft vorbei gewesen sein musste. die mit den hohen Bäumen und dem Feld. ich kenne den Namen nicht obwohl ich mir jedes Mal vornehme mir den Namen der Ortschaft oder den Wald zu merken um hierher zurückzukehren. an einen Ort an dem ich nur vorbeigefahren, ja, von dem ich, wären meine Augen geschlossen gewesen, gar nichts wüsste.

//

lass die Welt dich umarmen, aber dann lass sie stehen, soll er gerufen haben. der Himmel klar. nur eine Wolke, die sich längs über die ganze Breite ausdehnt. der Herbst oder die Zeit hat ihre Finger ausgestreckt. hat sie uns auf die Stirn gelegt als wären unsere Köpfe in der Wärme versunken gewesen. hat uns erzählt von den verfaulten Äpfeln am Feld, von den grünen Knospen. verblüht und verstorben. gestern. der Herbst hat seine Hand auf die Häuser und auf die Wiesen gelegt. hat die Bäume noch einmal gebeutelt. lass die Welt dich umarmen, aber dann lass sie stehen.

//

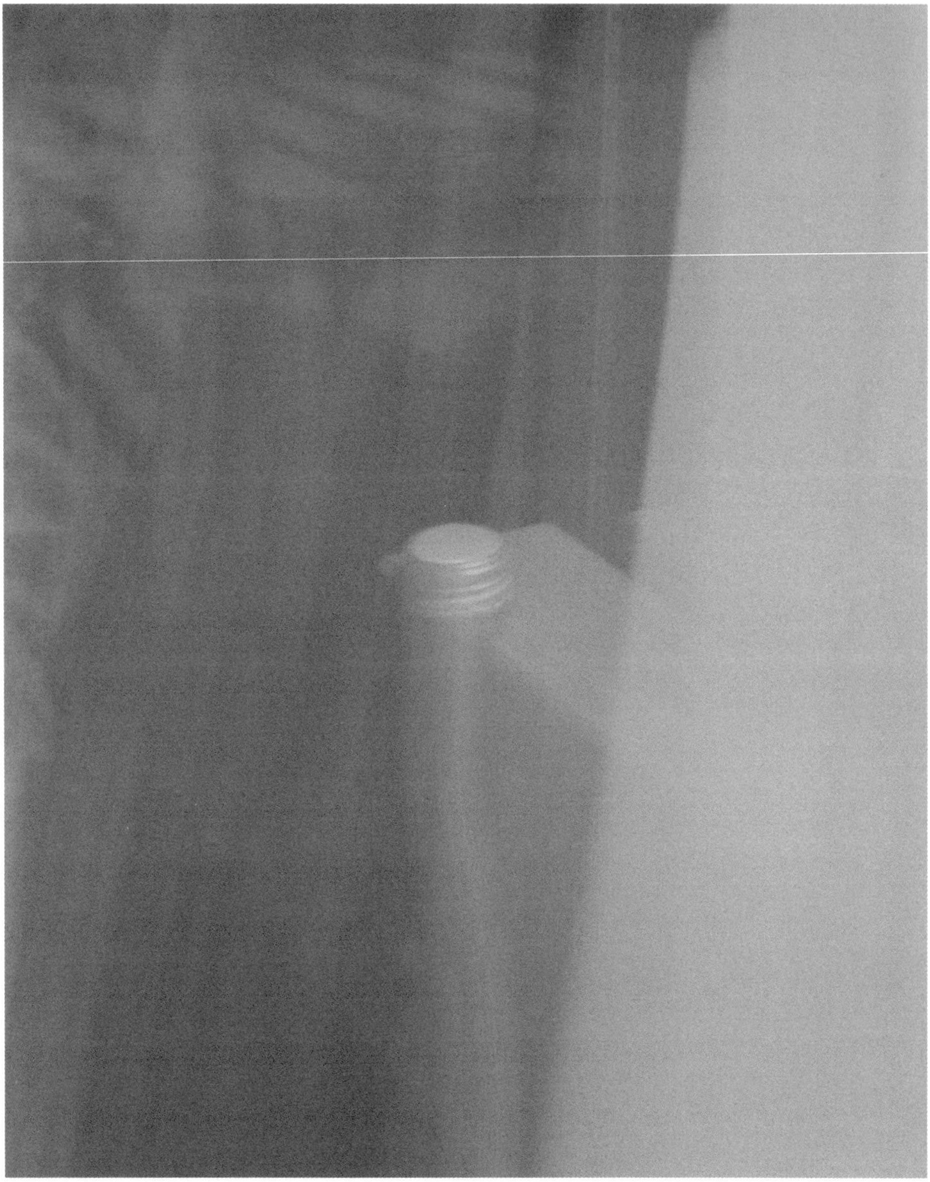

Verena Gotthardt: Fotografie aus der Serie „Mit bebenden Händen“

5 Fragen – 5 Antworten

***allmende:* Als Kärntner Slowenin schreiben Sie sowohl auf Slowenisch als auch auf Deutsch. Wie gelingt Ihnen die Synergie zwischen beiden Sprachen und Kulturen?**

Verena Gotthardt: Bevor ich zu schreiben begann, kam für mich nur selten die Frage nach dem Deutschen oder dem Slowenischen auf. Ich war schon immer zweisprachig und in meinem Kopf musste ich die Sprachen nie voneinander trennen. Es war nie eine bewusste Entscheidung, wann ich auf Deutsch sprach und schrieb oder auf Slowenisch. Alles um mich herum war, wie es war. Einmal in der einen und einmal in der anderen Sprache. Für mich war klar, dass ich meinen ersten Gedichtband in slowenischer Sprache veröffentlichen werde. Klar war auch, dass meine deutschen Gedichte mithilfe eines QR-Codes im Buch auf eine extra eingerichtete Seite verweisen würden und dort nachgelesen werden können. Vor sieben Jahren bin ich aus Kärnten nach Wien gezogen. Zwei Jahre davon habe ich in Frankreich gelebt. In Paris schrieb ich an meinem deutschsprachigen Erzählband und als ich zurückkam drängte sich immer öfter die Frage nach der Sprache auf, von der ich dachte, dass ich sie mir nie zu stellen hätte. Es sollte doch alles ineinanderfließen und sich abwechseln. Gleichwertig sein für immer. An dieser Stelle muss man wissen, dass die slowenische Sprache in dem Ort, an dem ich großgeworden bin, immer weniger wird. Man muss wissen, dass es immer weniger Menschen gibt, die meine slowenische Muttersprache verstehen und sprechen. Deshalb plagen mich oft auch Schuldgefühle, wenn ich längere Texte eher auf Deutsch schreibe. Lyrik hingegen schreibe ich viel lieber auf Slowenisch. Ich habe oft versucht die Logik dahinter zu verstehen. Irgendwann aber, habe ich aufgehört mir Gedanken darüber zu machen, ob jetzt wieder etwas Slowenisches oder doch etwas Deutsches an der Reihe wäre. Eigentlich sollte es ganz einfach sein. Im besten Fall entsteht einmal ein deutscher und ein anderes Mal ein slowenischer Text. Ganz natürlich. Und das Hin- und Herschalten zwischen den beiden Sprachen gelingt oft, aber nicht immer. Es ist eben doch nicht so einfach. Erklären kann ich es nicht. Es ist aber so, dass ich mich wohl irgendwann dafür entschieden habe in beiden Sprachen zu schreiben. Das möchte ich auch so beibehalten. Ich zähle aber nicht mehr die Wörter, die ich in Deutsch geschrieben habe und vergleiche sie mit der Summe der Slowenischen. Denn ein Gedicht auf Slowenisch rührt von wo ganz anders her als ein deutsches. Es hat ein ganz anderes Gewicht. Da ist die Sorge um eine Sprache, die meinem Heimatland Kärnten in Österreich von der Politik jahrzehntelang schon beinahe totgetrampelt wurde und erst seit einigen Jahren von den politischen Repräsentanten wieder wertgeschätzt wird. Wenn ich etwas in Slowenisch schreibe, ist das ganz klar ein Rettungsversuch. Ich schreibe so gut ich es kann. Prosa auf Deutsch. Lyrik auf Slowenisch.

***allmende:** In Ihrem Erzählband „herausgehen" (2018) schreiben Sie (oft) komplett ohne Großbuchstaben. Die Wirkung Ihrer Texte verändert sich dadurch sprichwörtlich augenblicklich. Was drücken solche visuellen Aspekte in Ihrer Literatur für Sie aus?*

Verena Gotthardt: Mit dem Weglassen der Großbuchstaben wollte ich bezwecken, dass nichts von den Inhalten der Geschichten ablenkt. Ich tat mir damals so leichter beim Schreiben und beim Lesen. Auch heute noch arbeite ich mit unterschiedlichen Stilmitteln in meinen Texten. Sei es das das Weglassen von Worten, das abrupte Abbrechen der Sätze oder Satzzeichen wie Schrägstriche, die den Text aufteilen. Ich arbeite diese Stilmittel dann so lange in meine Texte und Gedichte ein, bis sie es nicht mehr brauchen.

***allmende:** Sie haben in diesem Jahr Ihr Studium der Fotografie und der Bildenden Kunst an der Universität für angewandte Kunst in Wien abgeschlossen. In ihren Arbeiten verbinden Sie Literatur und Fotografie. Welche Funktion hat das Zusammenspiel von Text und Bild? Welchen Mehrwert hat die Fotografie als visuelle Sprache?*

Verena Gotthardt: Es geht immer um Sprache. Ob in der Fotografie oder in der Literatur. Dass ich zur Fotografie und zur bildenden Kunst gekommen bin, habe ich vielen Büchern zu verdanken, die mich Bilder sehen haben lassen. Für mich ist die Verbindung von Text und Bild schon immer ein wesentlicher Teil für mein Arbeiten gewesen. Oft ist mir das Medium der Fotografie eine große Hilfe beim Schreiben. Die Vorgehensweise beim Fotografieren und beim Schreiben ist fast die Gleiche. Das Beobachten ist, was die beiden Medien verbindet. Wenn ich meine fotografische Arbeit mit meiner literarischen Arbeit vergleiche, sehe ich oft Parallelen. Das Zusammenspiel soll so funktionieren, dass die beiden Medien nebeneinanderstehen können, ohne sich gegenseitig aufzuheben. In beiden Arbeitsweisen geht es mir darum sichtbar zu machen, was oft nicht sichtbar ist und das sind kleine Details, kurze und stille Beobachtungen. Vieles wird erst durch das Betrachten oder Aufschreiben sichtbar. Wenn ich etwas aufschreibe, dann streife ich es auf einem Blatt Papier ab. Dann erst ist es da und nimmt einen Platz ein. Genauso auch eine Fotografie. Es geht mir darum etwas zu zeigen, dass unter einer dünnen Schicht liegt. Und um dieses Etwas verständlich zu machen und zu zeigen, hilft mir die Fotografie in Verbindung mit der Sprache.

***allmende:** Beim Ingeborg-Bachmann-Preis 2021 haben Sie Ihren Text die jüngste Zeit vorgestellt. In Ihrer assoziativen Prosa finden sich viele elliptische Sätze, Leerstellen, man hat oft das Gefühl, dass Wörter oder gar ganze Textpassagen fehlen. Was ist da verloren gegangen? Kann man von einer Art poetischen Beschäftigung mit Erinnerung sprechen? Was steckt hinter dieser Konzeption?*

Verena Gotthardt: In meinen künstlerischen Arbeiten ist Erinnerung sehr häufig Thema. Mich fasziniert, was einmal war, aber nicht mehr ist. Oft schaue ich dem Schnee beim Schmelzen zu und bin verwundert, wenn er nach Wochen das Gras oder die dunkle Erde vom Frühjahr freilegt. Dann schaue ich dem Gras zu und warte auf den Winter. Erinnerungen sind für mich oft nur Leerstellen. Wenn ich mich an etwas erinnere, dann weiß ich, dass das schon lange nicht mehr da ist und ich weiß auch, dass es nicht mehr wiederkommt. Der Text die jüngste Zeit geht genau auf diese Leerstellen ein. Er versucht nicht sie zu füllen, sondern so wiederzugeben, wie Erinnerungen eben sind. Lückenhafte Stellen. Sie tauchen auf einmal aus dem Nichts aus und verschwinden. Dann kehren sie verändert wieder zu uns zurückkehren.

***allmende:** Inwiefern werden Sie beim Schreiben sehr von gegenwärtigen Ereignissen und Erfahrungen geprägt? Wie haben sich die Krisen der jüngsten Zeit auf Ihr Schreiben ausgewirkt?*

Verena Gotthardt: Ich bin keine Chronistin momentaner Geschehnisse. Mein Anspruch an mein Schreiben war deshalb auch immer schon, dass meine Literatur jederzeit in jede Sprache übersetzt werden und so gelesen werden kann, dass sie die Welt der LeserInnen mit einbezieht. Sicherlich wirken sich die Krisen auf irgendeine Art auch auf mich und mein Schreiben aus, jedoch leben meine Texte mehr von dem Inneren als dem Äußeren. Für mich sollen literarische Texte nicht in aktuellen Krisen verhaftet sein, sondern den Blick schon weiter gesetzt haben.

Verena Gotthardt, geboren 1996 in Klagenfurt, studierte bis 2022 Bildende Kunst und Fotografie an der Universität für angewandte Kunst in Wien. 2016 erhielt sie den Förderungspreis für Literatur des Landes Kärnten, 2017/18 studierte sie in Paris an der Kunstuniversität (ENSAPC). Zu ihren Veröffentlichungen zählen der Gedichtband *Najdeni nič* (2013) sowie die Kurzgeschichtensammlung *herausgehen* (2018). Ihre Texte und Gedichte wurden in verschiedenen Zeitschriften veröffentlicht, wie *Salz, Reibeisen, Unke, Lichtungen, die Brücke und die literarische Welt*. 2021 wurde sie mit dem Text *die jüngste Zeit* für den Bachmannpreis nominiert. Sie lebt und schreibt in Wien.

www.verenagotthardt.com

Verena Gotthardt: Fotografie aus der Serie „Mit bebenden Händen"

EQUUSATION (Angriff), 2015 Holzschnitt, 21 x 30 cm

MIRJAM WITTIG

zur erinnerung

anfangs geht etwas nicht weiter
das einzelne unbeschwerte schiefsitzen auf
kanten und manchmal an hängen sind wir
aus der phrase gekippt

holen nachträglich ein, was lange versäumt herumlag
reißleine, reue. im regen waren es zügel:
da tauchte das losgerissene pferd auf
richtete über die menge, richtete hoch
über den köpfen sich auf oder fiel
war kein marmor, aber von gewicht
war stark, dampfte
reiterlos vom himmel
weiße hufe uns allen voraus

zur erinnerung: die schulden gehören
sorgfältig in den kalender eingebracht
hier, tu's in die tasche, du brauchst es
ist dieses zusätzliche gewicht
das dich ausmacht

vorschlag

wir haben sie beide gesehen, waren ja beide im garten, wo uns der kopf
in den nacken wächst richtung nacht. dann dieses geräusch
bis du fragtest: was fliegen die gänse nach norden, wo wollen die hin

legen wir eben die spur, sag ich. ersetzen wir eben den kompass der schnäbel
und fangen zu winken an, ich denke: bis eine mich sieht und umkehrt
wir sorgen uns beide. so scharf an den rand des zerstörten geboren
verzeichnen wir jeden absturz als einschnitt für uns
und ich fürchte mich vor dem satz, und er kommt
als du denkst: vielleicht ist es im norden ja warm genug

umschlag

nenne das tipping-day
den tag, an dem die tauben dem wald in der regenrinne ein ende setzten
vom besten die sporen rupften, es ins gefieder steckten
flohen
ich schwöre: vom himmel fiel tagelang
moos auf den gehweg

gewalt als etwas langsames begreifen

// denke ein stilles rahmengewässer
denke wie wenn es einen rahmen gibt immer etwas fällt
hinein und hinaus als entscheidende frage des wasserspiegels
der beleuchtung der kinder sterblichkeit. prüfe
wie geht es der wanderdüne oder
weit ist die toxische landschaft gekommen. da ist nichts zu rütteln
dein körper ist immer kompostierbarer oder weniger kompostierbar

// seit *naturgewalt* ein leerer griff ist ein manöver
hängen die bilder schief mir aus dem mund
schon lang vor meiner geburt hätte ich mit dem
untertiteln beginnen müssen

// da wäre gebet:
die schollen sind des absingens so müde wie die bären
refugium:
wohnen in der aushöhlung anderer rücken und rinden
da wäre science fiction:
wenn sie zuletzt sterben soll muss die hoffnung von weit her kommen

// ich hätte mich besser schon früher geübt übe noch: gewalt
als etwas langsames begreifen

// zum beispiel die kolosse da im grünstreifen
die niemand fortträgt schwarzgewaschen vom regen
bald eingewaschen in ihr altes laub – nenne die
nicht mehr romantisch einen *freundlichen wal*
und das gewitter am ende des langsam verdichteten himmels
nenne ich nie wieder *plötzlich*

Meute

Im U-Bahnhof sind alle Flinten im Anschlag
ich höre, es hat sich eins schrecklich verirrt
(ein Reh oder Fuchs oder höre ich: Schwan)
sind feige Leute. kommen als Meute
steigen zu Angreifern erneuert in den Tag.

Wir könnten es doch fangen
wir könnten es doch auch locken, oder
wir könnten ihm doch einfach
die Schwingen vorsichtig zusammendrücken
und es hinaustragen?

Sind feige Leute
werden erneuert durch die Flinte
kommen als Prügel zum Gleis
wenn nebenan Krieg ist, holt die Meute aus
um am Ziel vorbeizutreffen
hat einen Prügel und einen knaben
übt an ihm ängstlich
Jägergelaber.

Einmal
aber das war vor dem Krieg
wollten wir dem Schuss ins Wort fallen
wollten an die Jäger rühren (an ihre Läufe: handanlegen)
und dem vereinzelten Tier zurufen:
STELL DICH SO, DASS DIE ANGREIFER SICH GEGENSEITIG IM WEG STEHEN
dann: lauf.

5 Fragen – 5 Antworten

***allmende:** „An der Grasnarbe" (2022) ist Ihr Romandebüt. Inwieweit haben Ihnen die Krisen der letzten Zeit – besonders die Pandemie – als Inspiration gedient?*

Mirjam Wittig: Die Idee und auch der Großteil des Textes sind vor 2020 entstanden – mit der Pandemie hat der Text also gar nichts zu tun. Der erste der beiden größeren thematischen Anteile, auf die ich häufig angesprochen werde, sind Noas Angstzustände. Die Ängste, die Noa im Roman eine Zeit lang im öffentlichen (Stadt-)Raum hat, verweisen aber weniger auf die beklemmenden Pandemieerfahrungen, sondern weiter zurück auf die Jahre 2015 und 2016, in denen es in Westeuropa eine Reihe von Anschlägen gab und, wie ich glaube, die Möglichkeit terroristischer Angriffe für viele hier zum ersten Mal überhaupt Teil der Realität wurde. Dadurch, und weil gerade auch dieses Jahr mit dem russischen Angriffskrieg gegen die Ukraine voller akuter Krisen ist, ist der Text auf eine gewisse Weise *outdated*.

Die spezifische Lagerung von Noas Angst – eine westlich sozialisierte *weiße* Frau, die sich im öffentlichen Raum vor migrantisierten Männern fürchtet – scheint mir leider weniger an bestimmte Ereignisse gebunden zu sein. Deshalb steht auch vor dem Text keine Jahreszahl. Ich halte Noas Angst definitiv nicht für eine logische oder auch nur irgendwie angemessene Reaktion auf diese tatsächlichen Anschläge. Gegen ihren eigenen Willen und gegen ihre eigentliche politische Haltung hegt diese Protagonistin rassistische Vorurteile, die sich (zum Beispiel durch diskriminierende mediale Darstellungen) gewissermaßen in ihr „abgelagert" haben. Ein großer Verdienst der Black Lives Matter-Bewegung, die aus schrecklichem Anlass in den letzten Jahren endlich große Aufmerksamkeit bekommen hat, und antirassistischer Arbeit ist, dass sie viele dieser subtileren Rassismen, von denen auch linke Personen wie Noa nicht frei sind, adressierbarer gemacht haben. Und zu sagen, es haben sich in dieser Protagonistin rassistische Bilder „abgelagert", spricht sie ja nicht frei. So wünscht sich Noa, diese Reflexe abzuschälen, umzuschreiben, loszuwerden – das wird mit Aufmerksamkeit verbunden sein und mit der Bereitschaft, sich anzustrengen und konfrontieren zu lassen.

Das zweite krisenhafte Thema kommt mit der Landschaft in den Text. Meiner Meinung nach kann es keine in der Gegenwart verorteten Texte mehr geben, in denen natürliche Umwelt vorkommt, nicht aber ihre Veränderung durch die Klimakatastrophe. Noa arbeitet in der Hoffnung, auf andere Gedanken zu kommen auf einem landwirtschaftlichen Hof mit, und sie erlebt dort mit Sorge, wie Boden und Nutzpflanzen aussehen, wenn es zu wenig und dann auf einen Schlag zu viel regnet. Außerdem wächst den Landwirt*innen die Arbeit über den Kopf, die eigentlich nie zu schaffen und finanziell extrem prekär ist – krisenreich ist also auch das Leben der Menschen, die noch „in Kontakt" mit der Natur sind, weil sie mit ihr arbeiten.

***allmende:** Nun heißt es, Literatur sei immer ein Seismograf der gesellschaftlichen Entwicklung und des subjektiven Empfindens. Was hat es mit der Angst auf sich?*

Mirjam Wittig: Noas Angst verschiebt sich im Laufe des Textes. Überhaupt scheint mir Angst eine sehr flexible Begleitung zu sein, die sich mal hieran, mal daran heftet, und die nicht selten die große psychologische Verschiebung vornimmt: wie in der Geschichte von dem Kind, das zu den Hühnern in den Stall darf, dem aber unbemerkt eine Biene in den Jackenärmel geflogen ist. Die Biene sticht zu, und fortan hat das Kind Angst vor Hühnern.

Noa jedenfalls gerät eine ganze Weile vor allem in für sie unübersichtlichen Situationen im öffentlichen Raum in körperlichen Stresszustände. Im Laufe der Zeit in den Bergen verlagert sich die Überaufmerksamkeit, die diese Zustände einleitet, auf den Trockenheitsgrad des Bodens – wenn sie an einen neuen Ort kommt, sagen wir, sie ist zu einem Nachbarschaftsfest eingeladen, registriert sie als erstes zwanghaft, wie schlaff die Blätter der Rank-Pflanzen über der Terrasse hängen. Beide Angst-Konstellationen haben gemeinsam, dass sie sich Noas Kontrolle entziehen, dass eine Situation unüberschaubar und eigentlich überkomplex ist – und beide Konstellationen sind diffus mit Schuldgefühlen und Scham aufgeladen.

In der späteren Version dieses ängstlichen Scan-Blicks ist die Bedrohung noch viel abstrakter – denn für die konkrete Figur Noa ist es nicht unmittelbar lebensbedrohlich, wenn es mehrere Wochen nicht regnet. Aber es liegt darin eine Art Beweis: Die Klimakrise ist da, und die Risse im Boden vor Noa stehen im direkten Zusammenhang mit Ereignissen an anderen Enden der Welt, wie der Flut in Pakistan in diesem Jahr, die Risse vor Noa sind ein Zitat. Oder wie Daisy Hildyard in ihrem Essay „The second body" schreibt:

„there is a sense that the sky is getting dark and the horizon is moving nearer – that I should be paying attention, because one day the distant ice shelf will come ripping through the tissue of my body – through every body – even if it appears, for now, that the bodies all around me are intact."

Auf diese Ahnung und diesen heftigen Widerspruch – intakt und in Sicherheit zu sein, aber mit dem Versehrten aufs Engste verstrickt, diesem gegenüber auch schuldig – reagiert Noa mit Angst. Und das kann ich ehrlich gesagt gut verstehen.

***allmende:** Ihre Protagonistin sucht im ländlichen Südfrankreich einen Ausweg aus dem Chaos der Großstadt. Welche Bedeutung hat für Sie das Leben auf dem Land im Vergleich zur Großstadt?*

Mirjam Wittig: Wenn ich auf diese Frage ganz persönlich antworte, dann hat das etwas sehr Körperliches. Dann gibt es den leichteren Stadtkörper, der immer etwas flirrt, und den schwereren Körper an einem Ort, an dem die Sinnesreize weniger geballt auf einen Schlag kommen. Es hat dann damit zu tun, dass ich in der Nachbarschaft eines großen Waldgebiets aufgewachsen bin und diesen Wald heute vermisse. Der Berliner Plänterwald (jetzt ein Nachbar von mir) ist für mich eher ein Wald-Zitat. Aber: Mein persönlicher Bezugspunkt ist überhaupt nicht das Land, sondern es sind Stadtränder und mittelgroße Städte.

Etwas weniger persönlich würde ich die Bewegung von der Stadt aufs Land nicht als besonders zeitspezifisch beschreiben. Meinem Buch steht ein Ausschnitt aus einem antiken Text (Vergils Bucolica – den Hirtengedichten) voran, der zeigt, dass Texte über diese Sehnsucht in unserem Kulturraum seit (mindestens) 2000 Jahren geschrieben werden: In der Fantasie vom goldenen Zeitalter in Arkadien scheinen die Vereinfachung der Lebensumstände, die Befreiung von den Mühen der Arbeit und umfassende Erlösungsfantasien an einen Naturraum – eine Hirtenlandschaft – gebunden.

Mein Eindruck ist außerdem, dass es (auch in Gegenwartstexten) ziemlich konstant Bewegungen in beide Richtungen gibt: Auf der einen Seite die Sehnsucht nach einem guten, einfachen Leben und nach Reizreduktion, die man von der Stadt aus so gut, aber auch ein bisschen diffus auf „das Landleben" projizieren kann, und auf der anderen Seite das Narrativ von der Sehnsucht nach „mehr", von der Perspektivlosigkeit oder Enge einer Dorfjugend, vom großen Aufbruch in irgendetwas Glitzerndes, Schnelleres, das die Stadt vom Land aus ist.

***allmende:** Die Entschleunigung auf dem Land, welche der erste Lösungsansatz Ihres Buches ist, bleibt erfolglos. Welchen Ausweg gibt es?*

Mirjam Wittig: Natürlich das Mittelding! Die Kleinstadt, von der aus man schnell im Grünen ist. Okay, das war ein Witz. Ich glaube, dass dieser Aufs-Land-Reflex häufig ausblendet, dass es den von unserer komplexen Gegenwart unberührten oder unversehrten Ort nicht gibt: Das Land ist nicht die Rückseite der Stadt, oder der Zivilisation und Infrastrukturen Punkt nach Infrastrukturen Folgen von Globalisierung, Kolonisierung, Kapitalisierung durchziehen natürlich auch Berge und Felder. Das Internet bricht hier vielleicht manchmal zusammen, aber es spielt eine genauso große Rolle. Für die Menschen auf einem einigermaßen funktionierenden Hof sind vielleicht soziale Ungleichheiten und Klassenunterschiede abstrakt und weniger sichtbarer Teil des Alltags als in der Großstadt: Dafür fühlen sie jeden Tag, wie die Trockenheit ihr Stück Wald verändert hat, oder können die Wasserkosten für Obstbäume nicht mehr tragen. „Das Land" war wahrscheinlich noch nie das Idyll, als das die meist bürgerlichen Dichter es sich gewünscht haben.

Auch Noa wird ihre Angstzustände in der Natur nicht sofort vollkommen los, das stimmt. Obwohl sie nicht auf lange Sicht dort bleiben kann, findet sie aber in der Arbeit auf dem Hof trotzdem etwas, das sie vorerst stabilisiert. Das hat, wie ich Noa verstehe, mit den klar geregelten Rhythmen dieser Arbeit und damit zu tun, dass sie körperlich involviert ist mit ihrer Umgebung – buchstäblich mit den Händen im Boden steckt. Es liegt aber zum Beispiel auch am Kontakt mit dem Kind Jade, das ihr aus einer völlig unerwarteten Richtung Stabilität gibt.

***allmende:** Sie haben in Hildesheim Literarisches Schreiben und Lektorieren studiert und waren dort Kuratoriumsmitglied des Prosano-*

va-Festivals 2020, welches in digitaler Form stattfinden musste. Vor welche Schwierigkeiten wurden Sie dabei gestellt? Welche (thematischen) Tendenzen konnten Sie beobachten?

Mirjam Wittig: Hier hatte die Pandemie einen großen Einfluss – nach über einem Jahr Planung kam der erste Corona-Lockdown nur drei Monate vor Festivalstart. Das analoge Programm innerhalb dieser kurzen Zeit in ein digitales umzuwandeln war nur möglich durch die großartige Arbeit der Personen, die unser Team dann erweitert haben für Videotechnik, Schnitt und eine Website, die als einziger Ort ein ganzes Festival halten musste. Und es war auch nur möglich durch die Flexibilität und enorme Kreativität der Autor*innen, die – im Austausch mit uns oder befreundeten Künstler*innen oder völlig selbstständig – sehr unterschiedliche und innovative, ästhetisch interessante Video-, und Audioarbeiten produziert haben, die ich mir immer noch gerne anschaue.

Insgesamt verschoben sich natürlich vor allem infrastrukturelle Fragen – statt der Logistik von Sanitäranlagen, Bar und Bestuhlung ging es nun darum, welche Autorin das Kamera-Equipment inklusive mehrerer SD-Karten nun an welchen Autor weiterschicken muss, damit wir den Zeitplan einhalten können. Das letzte Video erreichte uns noch AN einem der Festivaltage. Und am zweiten Festivalmorgen geschah das Äquivalent zum Wasserrohrbruch in einem echten Raum: Der Server stürzte zusammen. Alles, was 2020 stattgefunden hat an Kulturprogramm, den Eindruck hatte ich auch als „Besucherin" anderer Veranstaltungen, war Improvisation, teilweise überstürzt und unprofessionell, dadurch manchmal aber auch in gewissem Sinne frei. Dieses Jahr ist in der edition Mosaik ein schönes Buch der *Unabhängigen Lesereihen* erschienen, „Reihenweise", in dem es viel um das digitale Literatur-Veranstalten geht.

Und thematisch war das Programm weit gestreut, von Texten über Fußball über Gedichte und Romane über Fluchterfahrung in der Familie bis hin zu Schreiben als Arbeit, von postmigrantischer Stadterfahrung über eine Hochstaplergeschichte bis hin zu Post-Anthropozän-Lyrik. Das ist das Schöne an diesem Festival: Es kann zumindest versuchen, eine breite Bühne zu öffnen, eine auf der thematisch viel Platz ist, aber auch viel Platz für verschiedene Stimmen und Sprecher*innen. Nur war die in unserem Fall eben digital.

Mirjam Wittig, geboren 1996 in Rheine, studierte unter anderem Literarisches Schreiben und Lektorieren in Hildesheim. Sie war Mitherausgeberin der Literaturzeitschrift *BELLA triste* und Teil der Künstlerischen Leitung des PROSANOVA-Festivals 2020. Sie schreibt überwiegend Prosa, auch Lyrik und Essay, die hin und wieder in Zeitschriften (zuletzt *JENNY, Glitter, Lichtungen*) erschienen sind. 2019 erhielt sie den Förderpreis der Gesellschaft für Westfälische Kulturarbeit NRW, 2021 war sie Stipendiatin des LitLabs für Literaturvermittlung des Literarischen Zentrums Göttingen. Ihr Romanerstling *An der Grasnarbe* erschien 2022.

Vorm Ende der Stille, 2019, Holzschnitt, 42x60 cm

MARA GENSCHEL

Midlife Prosa

Herr W., waren Sie es gewesen, den ich kurz zuvor noch in der *Bar Double Bind* getroffen und mit dem ich dort „Grünen Tee“ getrunken hatte? Dem ich erzählte, anders als hier seien in der Bay Area von San Francisco die *poets* „richtig“ arm, aber dafür seien sie „alle“ *activists*? Wir sprachen nicht aus, dass ich das Gegenteil von beidem war. War ich denn überhaupt Dichterin? Und wissen Sie noch, wie mein schon leicht ergrautes Haar elegant über den Tischrand floss, während mein Blick bei den Wörtern *poets* und *activists* aufrichtig funkelte?

Dann mussten Sie los.

...

Auf der anderen, der unbeleuchteten Seite der Straße stand dieser Text. Ich sah ihn, erst nachdem ich ihn gehört hatte. Er stand auf einem Inselchen in einem selbstgespuckten Ozean aus Schleim. Er baute diesen Ozean beharrlich aus, während ich ihn beobachtete und überlegte, was ich mit ihm anfangen sollte. (Wahrscheinlich sprach er eh kein deutsch?) Der Text spuckte weiter vor sich hin, in einem ungerührten, ziemlich *tighten* Rotz-Klatsch *pattern*. Das Inselchen auf dem er stand wurde kleiner und kleiner, während der Ozean um ihn, im Verhältnis, immer größer und größer wurde. „Anschwoll“. Hinter mir strahlte, sehr weiß und einsam, das leere Schaufenster der *Bar Double Bind*. Ich schaute zwischen beidem hin und her, Text und Bar, Bar, Text und Bar.

Ich sah mich um. Ich war allein. Ich hatte ewig nichts geschrieben, niemand sah, wie ich ihn mitnahm... Hier ist er.

5 Fragen – 5 Antworten

allmende: *Sie sind mit Ihrem Text „Das Fenster zum Hof" beim Ingeborg-Bachmann-Preis 2022 aufgetreten. Darin heißt es: „Und immer wieder waren es Demos, Demos gegen dies, Demos gegen das, meistens gegen Krieg, dann wieder gegen das Klima, ein einziges Geschrei. Gott, wer wollte da noch den Überblick behalten." Inwieweit verarbeiten Sie auch Ihre eigenen Erfahrungen mit Krisen in Ihren Texten? Welche Rolle spielen diese in Ihren Werken?*

Mara Genschel: ~~*Das Fenster zum Hof*~~ (im Manuskript durchgestrichen, weil als Titel gleich darauf „revidiert") ist für mich ein Versuch über den radikalen Nahbereich. Auf verschiedenen Ebenen. Allein schon der Titel ist ja auf groteske Weise naheliegend. Das hat auch damit zu tun, dass ich mich für den Bachmannpreis offensiv auf ein Klischee von Unterhaltungsfernsehen beziehen wollte, das ist nun mal, traditionell gesagt, der Krimi, die Farce, Comedy. An Hitchcock fasziniert mich schon immer sein pragmatischer Umgang mit der Stimulation der Sinne und der Gefühle. Die läuft in meinem Text dagegen immer wieder ins Leere. Also eigentlich ist er eine Gegenthese zu Hitchcocks Woolrich-Verfilmung. Meine „Pointe": dass eben das Fenster nicht zum Hof führt, sondern auf die Hauptstraße, wo es eigentlich extrem viel zu beobachten *gäbe* (wenn der Erzähler nicht zu faul wäre, vom Stuhl aufzustehen), sehe ich auch als kritische Selbstbeobachtung, sagen wir in Bezug auf die Nachrichtenlage, Social Media, das permanente, extreme Filternmüssen, die Neigung, sich für die bequemere Perspektive zu entscheiden – solange man noch „die Wahl" hat, bestimmte Nachrichten zu verdrängen.

Die Perspektive des „Cowboys" im Text ist natürlich extrem zugespitzt, ein groteskes Klischee. Aber im Grunde entwerfe ich in all meinen Texten so ein kritisch-überspitztes Selbstbild der Untätigkeit, der Doppelmoral, der Verdrängungstechniken. Also ja: Krisen und ihr Umgang damit spielen sogar eine Hauptrolle.

allmende: *Der Protagonist in „Das Fenster zum Hof" ist ein festgefahrener amerikanischer Schriftsteller, der über eine gegenüberlebende, gealterte Lyrikerin schreibt. Im Rahmen Ihres Vortrags schlüpften Sie mit einem Schnurrbart dekoriert in die Rolle des Protagonisten. Was wollten Sie damit erreichen? Wie würden Sie sich selbst als Autorin einordnen?*

Mara Genschel: Vor allem wollte ich, ehrlich gesagt, im Fernsehen gut aussehen. Ich finde, der Schnurrbart steht mir sehr gut. Das ist ja überhaupt ein großer, ästhetischer Vorteil von Schnurrbärten, dass sie das Gesicht auf eine interessante, ablenkende Weise verzieren. Warum sollte das ein reines Privileg des Testosteronspiegels sein? Außerdem wollte ich durchaus auch den *male gaze* der Erzählperspektive visuell unterstützen. Ich denke, meine hohe Stimme und mein schlechter amerikanischer Akzent haben dabei sofort offengelegt, dass es sich nur um einen Versuch handelt, ein Spiel, wenn man so will. Mir ging es nicht um Illusionen. Auch der Text weist ja immer wieder darauf hin, dass er nur Skizze ist. Eine Skizze, die übrigens aber sehr sorgfältig ausgearbeitet und durchdacht ist – das würde ich hier gern betonen, *weil die Jury da teilweise* anderes unterstellt hat.

Ich bezeichne mich deshalb als performative Autorin, weil ich die Prozesse immer mit auf die Bühne oder in die Publikation bringe, ihnen eine Form gebe. Die Prozesse und die Umstände in denen sie entstehen sind immer sichtbar im Ergebnis – und sie reflektieren ihre jeweilige Situation von „Öffentlichkeit". Deshalb sind *manche Texte* auch nur vorläufig oder wandeln sich immer wieder. Und deshalb bin ich als Autorin auch oft die „Protagonistin" – quasi Lebendfutter. Aber nicht im autobiografischen Sinne. Sondern technischer.

***allmende:** In einem Interview plädierten Sie dafür, sich „emotional unabhängig [zu] machen von dem Wettbewerbsprinzip in diesem ganzen Betrieb". Welche Erfahrungen haben Sie bisher in der Hinsicht auf Konkurrenz und Wettbewerbsgedanken in der Literaturwelt gemacht und wie haben sich diese auf Ihr Schreiben ausgewirkt?*

Mara Genschel: Ich finde, Wettbewerbe im Literaturbetrieb sind ein ganz großes Missverständnis. Es gibt Leute, die einigermaßen lässig damit umgehen können und das ganz pragmatisch als Aufmerksamkeitstool für sich nutzen – die sind fein raus. Aber gerade wenn man noch jung ist, was man für die Teilnahmen *an den meisten Wettbewerben* ja sein muss, ist das Prozedere doch ziemlich schädigend. Das öffentliche Ranking durch die Jurys zum Beispiel, das ist doch totaler Quatsch. Eine einzige Simulation. Das könnte sogar witzig sein. Aber durch die direkte Verknüpfung mit Geld und Aufmerksamkeit wird der Quatsch zu einer existenziellen Frage.

Ich habe bei meiner Teilnahme am Leonce und Lena Preis 2007 komplett meinen Respekt vor dem Wettbewerbsprinzip verloren. Was das mit meinem Schreiben gemacht hat, das führt hier glaube ich zu weit. Ich versuche jedenfalls seitdem, die Bedingungen unter denen Text entsteht nicht nur zu reflektieren, sondern auf sehr viele unterschiedliche Weise auch selbst mitherzustellen, vorzugeben. Das ist mein übergeordnetes literarisches Projekt. Ich stoße da aber auch an Grenzen.

***allmende:** Sie studierten Musikwissenschaften und literarisches Schreiben, bringen sich bei Radioarbeiten und Hörstücken musikalisch ein. Welche Rolle spielt Akustik in Ihrer Literatur?*

Mara Genschel: Eine Sache vielleicht zuerst: mit „Musik" verbinde ich in Bezug auf Text gar nicht so sehr den Klang oder wie Sie sagen, die „Akustik". Mich interessiert da mehr das Abstraktionsprinzip, zum Beispiel in der Notation, und dann eher gestalterisch-räumliche Fragen zu Proportionen, Timing. Ich finde, ein Text kann auch explizit musikalisch funktionieren, obwohl oder weil man ihn nicht „laut" lesen kann. Mag sein, das ist vielleicht meine etwas spezielle Auffassung von Musik.

Dann mache ich aber tatsächlich auch viele Arbeiten, die eine spezifische Zeitform haben, kompliziert gesagt. Also: Radiosendungen, Hörstücke, aber auch Performances für die Bühne. Die haben natürlich eine Klangebene und sind darin der Musik zunächst sicher ähnlicher als meine schriftlichen Texte. Inzwischen interessiert mich der performative, konzeptuelle Aspekt in diesem Bereich aber stärker als der Klang. Und das betrifft sogar auch meinen Zugriff auf die Musik, zum Beispiel wenn ich ins Konzert gehe. Es geht nicht mehr so sehr um ein Ausdifferenzieren von klanglichem Material, sozusagen um das „reine" Wahrnehmen akustischer Reize. Sondern auch darum: überträgt sich ein konzeptueller Ansatz, überträgt sich eine Haltung, funktioniert es vielleicht sogar politisch? Und trotzdem geht es um „Musik" dabei.

***allmende:** Ab 2012 entwickelten Sie das Publikationskonzept „Referenzfläche", in welchem Sie mit handschriftlichen Texten und manuellen Eingriffen experimentieren. Was möchten Sie mit diesem Projekt erreichen? Was ist Ihr Antrieb?*

Mara Genschel: 2012 hab ich die erste Ausgabe der *Referenzfläche* gemacht, 2016 die vorerst letzte. Der Titel bezieht sich dabei vor allem auf den Begriff aus der Forstwirtschaft, wo zu Untersuchungszwecken kleine Waldstücke komplett sich selbst überlassen werden, nicht aufgeräumt, nicht betreten, nicht genutzt. Aber auch der mathematische Begriff passt sehr gut, als die Umrechnung von realer Fläche auf eine idealisierte, simplere Zweidimensionalität: das Papier in meinem Fall.

Für mich war das ein beglückender, selbstermächtigender Befreiungsschlag. Nach dem Gedichtband in 2008 war ich lange etwas ratlos. Es gab keine Verlagskonzepte, die zu dem, was mir vorschwebte, gepasst hätten, jedenfalls habe ich sie nicht gefunden. Ich weiß noch, wie ich auf der Leipziger Buchmesse nach wilden, unabhängigen Konzepten gesucht hab und alles, was ich fand, waren so übertrieben ästhetizistisch illustrierte Rilke-Kollektionen und Coffee Table Books über Tiere oder Fahrräder. Will sagen, die Gestaltungsfragen der Künstler*- und Designer*innen die „experimentelle" Bücher machten, bezogen sich hauptsächlich auf die Form, den Look, aber sie waren nie genuin literarisch. Die Traditionslinien Mallarmé, Dieter Roth etc. waren zu der Zeit so dünn, sie waren kaum noch existent im Literaturdiskurs.

Sobald ich also entschieden hatte, dass ich es selber mache, waren die Möglichkeiten in der Form/Inhaltsfrage plötzlich unendlich, das war schon mal extrem schön. Ich habe in der Zeit von Hartz-IV gelebt und ich habe mir sehr viel Zeit genommen, nicht nur für die erste. Jede Ausgabe ist konzeptuell sehr eigenständig. Aber auch hier geht es vor allem um das, was ich oben beschrieben habe, Selbstkritik, „Koordinatenkritik". Eine Ausgabe ist eine Art Robinsonade, eine andere ein zynisches „Paradies auf Papier", dann eine Art Hausbesetzung. Alle haben wieder was Skizzenhaftes, aber alle sind sehr durchdacht und mit manuellen Eingriffen produziert. Also auch die Produktion war super aufwändig, aber ich hatte ja die Zeit. Das hat sich sehr frei angefühlt. Mein Traum von Werkstatt. Vielleicht ähnlich zu dem, was Emmy Hennings und Hugo Ball mit dem „Spiel vom Büchermachen" meinten. Das Jobcenter hat das aber natürlich, leider, nicht sehr lange mitgespielt.

Ich hatte auch absolut kein Vermarktungskonzept, das war sozusagen Teil meines Ansatzes. Ich bin sehr froh, dass mich Kolleg*innen unterstützt haben, Michael Gratz hat es in der Lyrikzeitung beworben, Anja Utler, Christian Steinbacher haben sich dafür stark gemacht, später Bertram Reinecke mit dem Materialband. Ann Cotten. Und viele andere. Dadurch ist es unter die Leute gekommen. Allerdings hat mich die Produktion dann irgendwann überfordert – auch, weil ich ja absolut nichts dran ver(dient habe), der Verkauf hat gerade die Materialkosten gedeckt. Auch, weil ich wollte, dass sie bezahlbar sind. Nun sind sie jedenfalls seit Jahren vergriffen. Es gibt einige wenige Institutionen, die alle Ausgaben haben. Spontan weiß ich vom Literaturarchiv Marbach und der Uni Bern, dank Hartmut Abendschein. Wer sie jetzt noch analog lesen will, kann sie aber ausleihen: https://referenzflaeche.com/leihsystem/

Mara Genschel, geboren 1982 in Bonn, ist Schriftstellerin und Performerin. Sie studierte Musikwissenschaft in Köln, Schulmusik in Detmold sowie am Deutschen Literaturinstitut in Leipzig. Der Gedichtband *Tonbrand Schlaf* (2008) war ihr literarisches Debüt. Sie arbeitet seit vielen Jahren an „krisenresistenten" Publikationskonzepten und Auftrittsformen, wie der ab 2012 publizierten Heftreihe *Referenzfläche*, und beschäftigt sich in letzter Zeit verstärkt mit einer „performativen Prosa". Zu ihren Publikationen zählen unter anderem die Gedichtbände *Cute Gedanken* (2017) und *Gablenberger Tagblatt* (2018). Im Print erschien zuletzt die Broschürenreihe *Pretending to be in Dessau* (2021). Genschel erhielt zahlreiche Stipendien; unter anderem nahm sie am International Writer's Workshop der Hong Kong Baptist University (2019) teil. 2022 las sie ihren Text *Das Fenster zum Hof* beim Ingeborg-Bachmann-Wettbewerb. Genschel lebt und arbeitet in Berlin. **www.maragenschel.de**

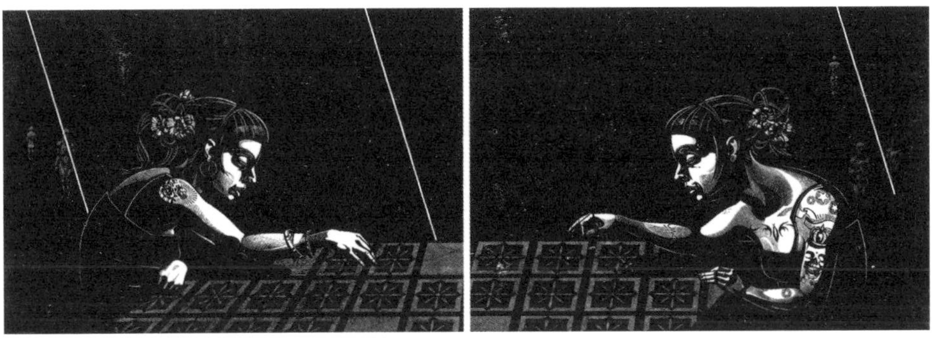

Die Entscheidung (Doppelgängerin), 2011, Holzschnitt-Diptychon, zweimal 67x97cm

SLATA ROSCHAL

Geschichten im Abseits

Slata Roschal und Matthias Friedrich im Gespräch, 28.09.2022

***Slata Roschal:** Matthias, ich kenne dich als Lyriker, Herausgeber und Übersetzer, aber auch als Kritiker – welche Tätigkeit überwiegt bei dir gerade?*

Matthias Friedrich: Das ist eine gute Frage, die kann ich mir nämlich selbst nicht beantworten. Gerade schreibe ich viele Exposés und an einer Übersetzung für ein Theater in Luzern, ein Gedicht von Karin Sveen, das in einem Streichtrio rezitiert wird. Außerdem lese ich Amalie Skrams Buch „Die Leute von Hellemyr", das demnächst bei Guggolz erscheint, um dann eine Übersetzungskritik dazu zu schreiben. Das Interessante ist ja, dass drei Übersetzer*innen daran gearbeitet haben, Gabriele Haefs, Christel Hildebrandt und Nora Pröfrock. Ich werde schauen, wie sie die Klippen dieses Textes umschifft haben, er ist schon relativ tricky, weil Skram einen Küstendialekt benutzt, zudem das Norwegisch des neunzehnten Jahrhunderts. Ich bin gespannt, wie sie das gemacht haben, auch weil die Übersetzung noch nicht erschienen ist. Ich lese schon mal das Original, um einen Eindruck zu bekommen.

***Slata Roschal:** Weißt du schon, wo du die Rezension veröffentlichst?*

Matthias Friedrich: Ja, bei TraLaLit [einem online-Magazin für übersetzte Literatur]. Und dann habe ich noch zwei Bücher übersetzt, einmal Den „Vielfraß" von Ida Fjeldbraaten, ein Buch über eine Zoopflegerin und diesen Vielfraß aus dem Titel, beide sind Außenseiter in einer extremen Situation. Das Buch ist auch ziemlich plotgetrieben, im Gegensatz zu dem anderen Buch von Ida Marie Hede, „Der Sog oder Wäschst du unsere Stinkefinger mit deinen Tränen?". Der Titel ist strange, das Buch auch, da geht es um eine Stadt namens Krähwinkel, in die eine Ich-Erzählerin zusammen mit ihrem Mann und einer riesigen Kinderschar zieht, das ist so bisschen eine Instagram-Vorhölle, das heißt, die Oberflächen sind alle glatt, leuchtend, man denkt eigentlich, man wäre im Paradies, aber dann gibt es da die Kommunalverwaltung, die die biologische Funktion der weiblichen Bevölkerung kontrolliert. Das heißt, die Frauen sollen möglichst viele Kinder auf die Welt bringen, man kümmert sich aber auch nicht darum als Kommunalverwaltung, sondern man möchte ein gewisses Bevölkerungsziel erfüllen, und es ist auch nicht überraschend, dass dieses Krähwinkel eine faschistische Diktatur ist, gegen die sich die Bewohner*innen dann irgendwie zu Wehr setzen müssen. Und die Erzählerin lernt drei Frauen kennen, sie heißen Herzscham, Leibscham und Arschscham, das sind Außenseiterinnen, die sie in eine Welt einführen, in der man nicht auf Kontrolle setzt, sondern auf die Solidarität der Einzelnen untereinander. Und wie es so kommen muss, das bleibt es nicht unbemerkt, und die Erzählerin muss sich entscheiden, was sie machen will, ob sie zurückgeht oder weiter die Solidarität mit ihren Freundinnen stärkt oder vielleicht einen Mittelweg geht, man weiß es nicht. Das sind so die beiden Bücher, die ich in der Pipeline habe.

Slata Roschal: *Das klingt ziemlich schräg.*

Matthias Friedrich: Das ist auch schräg!

Slata Roschal: *Ist es das, was die Bücher gemeinsam haben, die du übersetzt? Was interessiert dich daran, wie wirst du auf diese Bücher aufmerksam?*

Matthias Friedrich: Den „Vielfraß" habe ich, glaub ich, auf der Verlagsseite gefunden und diese Verbindung vom Animalischen und Menschlichen hat mich interessiert. Und das zweite habe ich ganz banal über Facebook gefunden, weil der Verlag dafür geworben hat, dann habe ich eine skandinavische Bekannte gefragt, ob sie das kenne, an den Verlag geschrieben, dann habe ich es gelesen und war geflasht, habe dann schnell ein Exposé verfasst und an meinen Verlag geschickt, mit dem ich damals zusammengearbeitet habe... Mich interessieren vor allem Geschichten, die abseits spielen, das ist ein durchgängiges Thema bei meinen Projekten. Ich hatte zum Beispiel einen Roman von Leif Høghaug übersetzt, „Der Kälberich", den könnte man als einen Arbeiterroman für das 21. Jahrhundert beschreiben, als Reaktion auf den Abbau des Sozialstaates in Norwegen. Da haben wir einen Erzähler, der sich aus bestimmten Gründen, man weiß nicht genau welchen, wahrscheinlich körperlichen wie psychischen, außerhalb des Arbeitsmarktes befindet und ständig von dem Arbeitsamt getriezt wird, er solle doch das und das tun. Er landet dann in einer Untergrundfirma, in der er nur gehänselt wird, und dann kommen Erinnerungen an eine Spätsommernacht, die ihn nachhaltig beschäftigt und traumatisiert hat. Im Laufe des Romans wird das aufgerollt, und auch nicht chronologisch, sondern, man könnte sagen, anhand der Trigger, die bei ihm die Erinnerungen auslösen. Und die individuelle Geschichte verschmilzt dann mit der sozialen Gegebenheit, in der er sich befindet.

Slata Roschal: *Welche Erfolge oder auch unangenehme Erfahrungen verbindest du mit den Büchern, die du bisher übersetzt hast?*

Matthias Friedrich: Das Übersetzen selbst macht mir viel Spaß. Aber als unangenehm empfinde ich es, bei Verlagen anklopfen zu müssen, zu fragen, ob sie das machen wollen, meistens sagen sie Nein. Und dann muss man versuchen, sich Beziehungen aufzubauen zu Lektor*innen, Verleger*innen, das hat eine Weile auch ganz gut geklappt, aber jetzt steh ich da wieder auf Anfang. Es ist oft so, dass die Projekte von der Gunst des jeweiligen Verlages abhängig sind. Ich übersetze lieber Wortspiele oder Ähnliches als mich mit solchen Sachen zu beschäftigen, aber es führt kein Weg drumherum. Ich arbeite auch nicht mit Agenturen zusammen, die mir Aufträge zukommen lassen, weil es das für meine Sprachen so gar nicht gibt; wenn ich Englisch oder Französisch machen würde, wäre es eine Option.

Slata Roschal: *Ich denke, von Übersetzer*innen wird, ähnlich wie von Autor*innen, heutzutage verlangt, dass sie zugleich auch ihre eigenen Agenten sind, dass sie nebenbei Marketing betreiben, Buchhaltung, Blogs, Social Media und alles Mögliche.*

Matthias Friedrich: Ja genau, ich kann zum Beispiel auf Twitter viele Übersetzer*innen finden, aber das hilft mir auch nicht weiter, weil die meisten im Ausland sitzen, und wenn ich mit meinen deutschen Kolleg*innen zu tun habe, erweckt es bei mir oft den Eindruck, dass ich in einem Konkurrenzverhältnis zu ihnen stehe, was ja auch so ist, objektiv gesehen. Das hemmt mich ein bisschen.

Slata Roschal: *Und wie hat sich Corona auf deine Arbeit ausgewirkt?*

Matthias Friedrich: Eigentlich kaum, würde ich sagen. Als Übersetzer hat man ja das Privileg, einfach zuhause sitzen und arbeiten zu können, aber mit dem Nachteil, dass es auch ein bisschen einsam ist. Das kennst du ja sicher auch, wenn man allein am Schreibtisch sitzt und sich fragt, was soll das eigentlich. Und dann gibt es zum Glück gute Fördermöglichkeiten für Übersetzer, über Neustart Kultur wurde auch einiges angestoßen, zum Beispiel das extensiv-initiativ-Stipendium des DÜF [Deutschen Übersetzerfonds], und durch die verbesserte Stipendienlandschaft werden Projekte möglich, zum Beispiel eine Anthologie in der parasitenpresse [unabhängiger Kölner Verlag], für die ich gerade eine Erzählung übersetze, das wäre ohne Neustart Kultur nicht möglich gewesen, das kann man schon so sagen.

Slata Roschal: *Wir sind beide Jahrgang 1992 und gehören einigermaßen noch zur jungen Generation, die man so als Nachwuchs bezeichnet, und ich frage mich, was uns so ausmacht, unsere Einstellung zum Schreiben prägt. Was meinst du?*

Matthias Friedrich: Wir sind ja schon fast digital natives, und ich würde sagen, dass so parasoziale Beziehungen, die man im Internet pflegt, einen großen Anteil an unserem Schreiben haben – was würden wir Lyriker*innen zum Beispiel ohne Facebook machen? Das ist eine bescheuerte Frage, aber wie hätten wir uns dann sonst organisiert in unseren Debatten? Ich habe auch das Gefühl, dass das Ganze etwas offener geworden ist durch das Internet, auch wenn es natürlich immer noch Lager und Fraktionen gibt.

Slata Roschal: *Ich denke auch, dass die Hemmschwelle niedriger geworden ist, neue Kontakte zu knüpfen, Leute anzuschreiben, einzuladen zu Lesungen...*

Matthias Friedrich: Ja, genau.

Slata Roschal: *Die letzten Jahre waren geprägt von Ängsten, kurzzeitig haben alle erwartet, an Corona zu sterben, mittelfristig kam jetzt der „Krieg in Europa“ und der drohende Atomkrieg dazu, und langfristig sowieso die Umweltapokalypse, der wir näherkommen. Und welche Krisen machen die Figuren deiner Bücher aus?*

Matthias Friedrich: Das ist relativ ähnlich, muss ich sagen. Bei Ida Marie Hede gibt es eine Dystopiethematik, da ist es der Faschismus, den sehen wir auch wieder in Europa, oder auch überhaupt, wie der Einzelne sich durch den Staat, die Öffentlichkeit, die Medien bedroht sieht. In Nødtvedts Buch, das ich übersetzt habe, ist auch der Klimawandel stark vertreten, und bei Høghaug ist es der Sozialabbau durch einen Staat, der immer stärker auf eine Wachstumsideologie setzt, wie sich das auf den Einzelnen auswirkt. Ich finde, dass meine Bücher stark auf aktuelle Themen eingehen, und ich würde auch behaupten, dass ich das immer stärker zu einem Auswahlkriterium mache. Ich kann nicht mehr reines l'art pour l'art übersetzen, das hätte ich früher vielleicht getan, aber jetzt nicht mehr, das hat sich geändert. Kunst ist immer schön, aber es muss auch etwas Gesellschaftspolitisches dazukommen, ich kann das böse Wort „Relevanz" zitieren, aber ich glaube, das ist schon entscheidend. Die l'art-pour-l'art-Fraktion wird immer kleiner und sonderbarer, und die Fraktion, die schaut, was uns Literatur über unsere Welt erzählen kann, wie sie uns helfen kann, unsere Umwelt zu verstehen, die wird immer größer.

Slata Roschal: *Ich habe das Gefühl, dass wir uns bisschen wegbewegen von diesem Verspielten, Postmodernen, Selbstreferenziellen – vielleicht wieder hin zu moralischen Werten, die neu verhandelt werden.*

Matthias Friedrich: Wobei sich die Aufwertung des Moralischen nicht mit postmodernen Spielen beißen muss, das kann beides wunderbar koexistieren. Wie zum Beispiel bei Ida Marie Hede diese komplett durchgeknallte Kommunalverwaltung und dann werden da Textsorten durchgespielt, Briefe, Tagebucheinträge… Oder die verschiedenen Sprach- und Stilebenen bei Erlend O. Nødtvedt, er zitiert ja aus dem Norwegischen des siebzehnten, achtzehnten, neunzehnten Jahrhunderts bis hin zu modernem Slang.

Slata Roschal: *Vielleicht entspricht es auch unserer Realität, die immer komplizierter wird und unübersichtlicher.*

Matthias Friedrich: Die Texte selbst sind ja nicht unbedingt unübersichtlich, schon komplex und fordernd, aber man wird von den Autor*innen hindurchgeleitet, sie wissen, was sie tun, und auch ich muss wissen, was ich tue, als Übersetzer. Das ist ein Prozess, der sich oft erst langsam ergibt, und ich kann nach der ersten oder zweiten Lektüre des Ausgangstextes nicht sagen, wie sich die Übersetzung entwickeln wird, das wird ganz anderes, wenn man sich hinsetzt und mit dem Schreiben anfängt. Es ist oft so, dass sich der erste grobe Entwurf einer Passage oder eines Kapitels liest, als wäre er eine Zwischensprache, irgendwas Drittes zwischen dem Ausgangstext und dem Zieltext. In der Überarbeitung gilt es dann davon wegzukommen hin zu einer Sprache, die der Ausgangssprache des Textes angemessen ist, die dann auch an entscheidenden Stellen davon abweicht, wenn es nicht anders geht.

Slata Roschal: *Was wird, deiner Meinung nach, die Literatur der nächsten Jahre oder Jahrzehnte so mit sich bringen?*

Matthias Friedrich: Ja, das ist die Frage, wie entwickelt sich der Buchmarkt, welche Voraussetzungen gibt es noch überhaupt dafür, um Literatur zu schaffen? Das macht mir Sorgen, diese Papierkrise zum Beispiel, und wer liest überhaupt noch Bücher? Es gibt ja so viele andere Angebote, die man nutzen kann, um sich zu zerstreuen oder etwas über die Welt zu erfahren, man kann Serien oder Dokus schauen, man kann Podcasts hören oder was auch immer einem einfällt, und das Buch ist dann nur ein Angebot unter vielen. Gibt es vielleicht Formen, die ganz spezifisch auf ein online-Publikum zugeschnitten sind? Es gibt ja Versuche, so etwas zu etablieren; jedenfalls müssen wir schauen, wie wir unsere Erzählformen anpassen können an die Zeit, in der wir leben. Da haben es Übersetzer*innen immer einfacher, weil sie sich nach dem Material richten, das ihnen schon vorliegt, und du müsstest dir wahrscheinlich schon etwas ganz Neues ausdenken. Pech gehabt!

***Slata Roschal:** Tja, das stimmt. Was würdest du dir denn generell für den deutschen Literaturbetrieb wünschen?*

Matthias Friedrich: Mehr Förderung ist immer gut, aber ich würde mir auch mehr Verlage wünschen, die es ähnlich sehen, die auf komplexe Literatur setzen, die uns die Zeit, in der wir leben, so dicht wie möglich nahebringt, aber was ich mir vor allem wünsche, sind Lektor*innen, die das ähnlich sehen, die Kooperationen mit Übersetzer*innen eingehen, mit denen sie rechnen können.

***Slata Roschal:** Welches Buch in deiner Übersetzung erscheint denn als nächstes?*

Matthias Friedrich: Das ist Ida Marie Hedes „Der Sog oder Wäschst du unsere Stinkefinger mit deinen Tränen?". Der Verlag und ich, wir wissen noch nicht genau, wann es rauskommt, aber über den Buchhandel kann man es schon vorbestellen.

***Slata Roschal:** Vielen Dank dir!*

Slata Roschal, wurde 1992 in Sankt Petersburg geboren und wuchs in Schwerin auf. Sie studierte Slawistik, Germanistik und Komparatistik in Greifswald und wurde in München promoviert. Sie erhielt zahlreiche Stipendien und Preise, darunter den Literaturpreis Mecklenburg-Vorpommern und den Kunstförderpreis des Freistaates Bayern. Sie veröffentlichte Gedichte und kürzere Prosastücke wie *Wir verzichten auf das gelobte Land* (2019) und *Wir tauschen Ansichten und Ängste wie weiche warme Tiere aus* (2021). Ihr lyrischer Romanerstling *153 Formen des Nichtseins* (2022) erreichte die Longlist für den Deutschen Buchpreis 2022. **www.slataroschal.de**

Matthias Friedrich, geboren 1992 in Trier, ist Übersetzer und Literaturkritiker. Er studierte Kreatives Schreiben in Hildesheim und Skandinavistik in Greifswald. Zu seinen Übersetzungen gehören unter anderem *Die Melbourne-Vorlesungen* von Svein Jarvoll (2021), *Das Grabenereignismysterium* von Thure Erik Lund (2019) und *Der Kälberich* von Leif Høghaug (2021). Seine Übersetzungen aus dem Katalanischen erscheinen unter anderem in der Zeitschrift *muetze*. Friedrich wurde mehrfach mit dem DÜF-Arbeitsstipendium ausgezeichnet.
www.tralalit.de/autorinnen/matthias-friedrich

BELLA BELA (Kurzhaarkind), 2021, Holzschnitt, 60 x 90 cm

LEONA STAHLMANN

5 Fragen – 5 Antworten

***allmende:** Wir leben seit Jahren in einer permanenten Krise: Corona, Klimakrise, Krieg, die dauernde Unterdrückung der Frauen, nicht nur im Iran. Sie kennen als Autorin sowie als vormalige Lektorin und Literaturagentin beide Seiten des Literaturbetriebs. Wie hat sich dieser und auch Ihr eigenes Schreiben durch die Krisen der letzten Zeit verändert?*

Leona Stahlmann: Ali Smith hat ihren Herbst so beginnen lassen: „Es war die schlechteste, die schlechteste aller Zeiten". Sie hat damit wunderbar auf Dickens angespielt; für mich fasst es die Stimmung im Literaturbetrieb, seit ich an ihm teilnehme, treffend zusammen. Dass wir im Kaiserreich für eine glorreiche Minute of Fame mal kurz Leitmedium waren und es jetzt IMMER NOCH nicht mehr sind, werden wir wohl nie verkraften. Die Zeiten für Bücher sind angeblich immer die beklagenswertesten seit Gutenberg. Der Missstand ist zum Zustand geworden, ein andauerndes, niedlich schmollbackiges, in seiner Beharrlichkeit sehr liebenswertes Zetern darüber, dass wir in dieser Welt sehr, sehr unwichtig sind. Ich halte es mit dem Art Deco: *Le superflu, chose très nécessaire* – das Überflüssige, eine sehr notwendige Sache. Und lasse mich im Schreiben davon nicht aus der Ruhe bringen, im Gegenteil. Es beruhigt mich.

***allmende:** Inwiefern nutzen Sie die literarische Verarbeitung von Natur und Klimakrise als „Folie", wie Sie es in einem Interview nannten, um über Normen und Abweichungen zu sprechen?*

Leona Stahlmann: Schriftsteller*innen haben die Natur ja schon immer, naja, sagen wir, wie es ist: instrumentalisiert, um auf ihrem Rücken etwas über das Wesen des Menschen zu erzählen. Ich bin also nicht besonders originell. In meinem Debüt, „Der Defekt", habe ich mich gefragt: Gerade unsere Zeitgenossen, die im Anbrechen des größten Massenaussterbens der Geschichte dieses Planeten erkannt hat, wie unabdingbar Artenvielfalt für die Gesundheit von Ökosystemen ist, sollten doch leicht wie niemand vor ihnen verstehen, dass die Vielfalt sexueller und geschlechtlicher Identitäten und deren unbeeinträchtigtes Ausleben das Ökosystem der menschlichen Gesellschaft nur stärken kann. Warum fällt es uns, und in Anbetracht der Anfeindungen gegen Kim de l'Horizon ist die Frage leider auch Jahre später noch genauso aktuell, so schwer, das zu begreifen und in bedingungslose Toleranz, in liebevolles Handeln umzusetzen?

***allmende:** Ihr aktueller Roman „Diese ganzen belanglosen Wunder" (2022) befasst sich mit* *verschiedensten Facetten der geografischen sowie gesellschaftlichen Konsequenzen der Klimakrise. Während Ihrer Lesung beim Ingeborg-Bachmann-Preis 2022 lasen Sie über die Zweifel einer jungen Mutter, ob es richtig sei, ein Kind in eine sterbende Welt zu bringen. Ihre Romanfigur lässt ihren Sohn schließlich zurück. Wie würden Sie diese Frage für sich selbst im Moment beantworten, da sie ja selbst eine junge Mutter sind? Hat sich Ihre Haltung dazu durch Ihr eigene Mutterschaft verändert?*

Leona Stahlmann: Bevor ich den Mann traf, dessen Kind ich wollte, und also Mutter wurde, habe ich Kinder für mich kategorial ausgeschlossen. Ich hatte in meinem Leben die Erfahrung gemacht, dass viel Glück zu haben nicht bedeutet, glücklich zu werden mit dem Umstand, am Leben zu sein. Bei den sich verdüsternden Perspektiven für unsere Spezies auf der Erde (und ich hoffe doch sehr, dass der Planet nach dem großen DANACH einfach ohne uns weitermacht, nur mit ein paar Flechten und Pilzen, das wird seine beste Zeit) kam mir der Gedanke, das einem anderen Wesen als mir selbst anzutun, das erst einmal nicht selbst über sein Leben oder Nicht-leben verfügen kann, unnötig grausam vor. Jetzt sehe ich meine Tochter und verstehe den Satz, den ich vor langer Zeit einmal jemanden habe sagen hören, ohne ihm zu glauben: Die Existenz ist der Nichtexistenz immer vorzuziehen. Sie beinhaltet immerhin die Möglichkeit von Glück.

allmende: *Sie schildern zeitgemäße Überlegungen, wie sich das Weiterleben des Menschen innerhalb einer sterbenden Welt ohne Verzweiflung vollziehen kann. Wie lässt sich das in der heutigen, von zahlreichen weiteren Krisen geprägten Zeit bewerkstelligen?*

Leona Stahlmann: Ich habe Versuche angestellt in diesem Roman, aber keine Antworten gefunden, außer einer: ich hoffe doch sehr, dass wir, ganz anders als die Figuren im Buch, die sich abgefunden haben, alle verzweifeln – dass es uns beim Gedanken an das Ende, wie nah es auch sein mag,

zerbricht wie Porzellantassen auf einem Steinboden. Denn nur so werden wir uns bewegen. Und uns mit allem, was wir haben, der Krise entgegenstellen.

allmende: *Braucht es aus narratologischer Sicht gerade das Sterben des einen Zustands, um einen neuen entstehen zu lassen? Belastet einen die ständige Beschäftigung mit einem krisenbasierten Werk?*

Leona Stahlmann: In einer Zeit zu schreiben, in der die großen – überlebensgroßen -bedeutenden Narrative der letzten Jahrhunderte auslaufen – die Erzählungen der Geschlechter, die technisch wirklich mies erzählte Lieblingsgeschichte der Menschheit, wir hätten die totale Kontrolle über die Natur, bis ins letzte Atom hinein (voller offensichtlicher Plotholes! Hiroshima ist nur ein kleines Beispiel), das Märchen vom guten Fortschritt im alternativlosen Wirtschaftssystem des Kapitalismus … all das ist oll geworden, verrottet vor unseren Augen. Es gibt mehr Bedarf für neue Geschichten als je zuvor.

Leona Stahlmann, geboren 1988, studierte Europäische Literatur. Ihr viel beachteter Debütroman „Der Defekt" erschien 2020. Ihre Arbeit wurde mit zahlreichen Preisen und Stipendien ausgezeichnet. Sie erhielt unter anderem den wortmeldungen-Förderpreis der crespo foundation (2019), ein Werkstipendium des Deutschen Literaturfonds (2021) und war 2022 für den Ingeborg-Bachmann-Preis nominiert. Zuletzt erschien ihr zweiter Roman *Diese ganzen belanglosen Wunder* (2022). Sie lebt und arbeitet als Schriftstellerin und Drehbuchautorin bei Murnau am Staffelsee.

www.leonastahlmann.de

Mitternachtsstunde, 2018, Holzschnitt, 60 x 120 cm

ELIAS HIRSCHL

Die Denk'sche Objektsprache

In den frühen 80er Jahren widmete sich die Wiener Linguistin Franziska Denk immer ernsthafter dem Versuch, eine ideale Universalsprache zu entwickeln. Neben einigen enthusiastischen Mitstreitern – ein Kreis aus Akademikern, Studenten, Künstlern und Journalisten – akquirierte sie die Mitglieder für ihre Bewegung vor allem durch angebotene Rhetorik- oder Selbstbewusstseins-Kurse. Denn wie jede Sekte war Franziska Denks Kreis zur Erschaffung der perfekten Sprache natürlich keine Sekte, sondern ein kostenloses Selbsthilfeseminar.

Die Mitglieder warb sie hauptsächlich durch Flyer an, die sie in Uni-Hörsälen verteilte, auf linken wie rechten Demonstrationen, Konzerten, Hausbesetzungen und Warteräumen in Krankenhäusern. Es waren einsame Menschen, die zu den Sitzungen kamen. Arbeitslose, Außenseiter, Auswärtige, die noch keinen Anschluss in ihrer neuen Heimat gefunden hatten. Sie alle trudelten in die Kellerräume unter dem Türkischen Café kamen, sich auf die ausgebleichten Plastiksessel fallen ließen und Denk bei ihren Vorträgen zuhörten. Die Kurse, die Franziska Denk in der Deckung der Kellergewölbe gab, waren vorgeblich Rhetorik- und Selbstwert-Seminare, bei denen die Teilnehmer ihr Ausdrucksvermögen schulen und ihr Selbstbewusstsein stärken sollten. Und wie bei jeder anderen Sekte, lässt sich nicht abstreiten, dass das bis zu einem gewissen Grad definitiv der Fall war. Die Menschen gingen gebuckelt und murmelnd ins Seminar hinein und kamen erhobenen, laut und klar artikulierenden Hauptes wieder heraus stolziert. Seit ihrer Kindheit hatte Denk nichts von ihrer Überzeugungskraft eingebüßt. Und sie bewies es, indem sie ihre Schützlinge tagtäglich mit Selbstermächtigung überschüttete. Mit großen Gesten und lauten Ankündigungen impfte sie ihren Teilnehmern Selbstbewusstsein ein und mit kleinsten Andeutungen und leichtesten verbalen Anstößen trieb sie die Teilnehmer immer weiter in die Ecke, in der sie sie haben wollte. Und wie alle Menschen, die endlich ein Wundermittel gefunden hatten, dass sie von all ihren Sorgen befreite, begannen die Teilnehmer zu missionieren. Sie brachten ihre Bekannten mit ins Seminar, ihre Freunde, Verwandten, Arbeitskollegen und Kommilitonen. Der Teilnehmerkreis erweiterte sich, die Stühle schlichteten sich bis zum Ende des Kellergewölbes und das Vertrauen in Denks Vorträge war derartig ungebrochen, dass es niemand verdächtig und auffällig fand, als sie damit begann, immer obskurere Methoden in ihren Unterricht einfließen zu lassen.

Denks erster Versuch eine Universalsprache zu erfinden, bestand darin, eine perfekte analytische Sprache zu bauen, die jedes Ding in der Welt anhand eines Stammbaumes exakt beschreiben sollte. Sie teilte alle Dinge des Universums in Kategorien ein. Zunächst waren da die nicht-existenten und die existenten Dinge. Die nicht-existenten gliederten sich dann wiederum in die fiktionalen Dinge, die hypothetischen Dinge, die früher mal existiert habenden aber jetzt nicht mehr existierenden Dinge, die bald existieren werdenden Dinge und so weiter, wohingegen sich die existierenden Dinge erst einmal in die toten Dinge und die lebenden Dinge teilten. Die lebenden Dinge teilten sich dann zum Beispiel wiederum in die Eukaryonthen und Prokaryonthen und dann verlief die Einteilung anhand des modernsten Biologischen Wissensstandes. Das interessante war nun, dass jeder dieser Stammbaumzweige ein eigenes Zeichen bekam.

Das Grundzeichen war beispielsweise das Zeichen für die nicht existierenden Dinge, von dem sich das Zeichen für die lebendigen Dinge abzweigte, von dem das Zeichen für die Eukaryonthen abstand, daran wiederum das Zeichen für die Kaniden usw. Wollte man auf eine bestimmte Entität referieren, musste man nur die entsprechende Kombination aus Zeichen in ein einziges Sonderzeichen zusammenführen. Das Zeichen für Hund, das Zeichen für Labrador, das Zeichen für einen kleinen Labrador, eine ewige Reihe kleiner eingrenzender Variationen. Sobald Franziska einen Grundstock an Zeichen angelegt hatte, begann sie zusammen mit ihrer Gefolgschaft, diese Sprache immer weiter nachzuschärfen, sie in immer mehr Kategorien und Unterkategorien zu unterteilen, sodass man mit den Zeichen immer kleinere und kleinere, spezifischere und spezifischere Bestandteile der Existenz bezeichnen konnte: Existierende, Lebendige, Hundeartige, Hunde, Pudel, Pudel die im Jahr 1983 leben, Pudel die im Jahr 1983 in Deutschland leben, Pudel die im Jahr 1983 in Westberlin leben, Pudel die im Jahr 1983 in Westberlin leben und einer Besitzerin namens Dora Klehr gehören und Schnuffi heißen usw. Irgendwann waren die Einteilungen der Unterkategorien so exakt, dass sie pro dargestellter Entität schon ein ganzes Lexikon benötigten, nur um zu erklären, was ein einziges Zeichen bedeutete. Das machte es selbstverständlich sehr schwierig, ja nahezu unmöglich ein Wort zu erfinden oder gar zu benutzen.

Beispielsweise referierte ein bestimmtes Zeichen auf exakt ein kleines Bruchstück eines Ziegelsteins, der von einem Studenten während einer Demonstration gegen die OPEC-Staaten durch das Fenster eines Polizeipräsidiums geworfen worden war. Das Zeichen verortet seinen Signifikanten, also dieses kleine abgebrochene Stück des Ziegelsteins, bis ins kleinste Detail in dem vierdimensionalen Koordinatensystem des Universums. Es beinhaltet die gesamte Geschichte des Ziegelsteins, seine chemischen, physikalischen, künstlerischen Eigenschaften, seine Einbettung in Architektur- und Design-Diskurse, sowie seine soziologische und historische Bedeutung als subversiver Wurfgegenstand, seine Bedeutung innerhalb des kapitalistischen Arbeitsmarkt-Systems, seine räumlichen und zeitlichen Koordinaten, die Hintergrundgeschichte der Ziegelmasse, des Lehms, der den Ziegelstein bildet, die Geschichte des Bodens und des ganzen Landstrichs in dem sich der Lehm einst befunden hatte, den Wandel dieser Landschaft über die letzten Jahrmillionen, Jahrmilliarden bis zur Entstehung der Erde, des Sonnensystems, des Universums zurück bis zum Urknall. All diese Eigenschaften mussten ihr Gegenstück in einem individuellen, unverwechselbaren, einzigartigen Zeichen finden, in einer Insignie, die sie genau innerhalb der Denk'schen Taxonomie verorten konnte.

Irgendwann sah Denk ein, dass der einzige Weg, all diese Informationen in einem einzigen Symbol zu vereinen war, das betreffende abgebrochene Stück des Ziegelsteins einfach selbst zu seinem eigenen semiotischen Zeichen zu machen. Wollte man also mündlich auf dieses etwa walnussgroße Ziegelbruchstück referieren, nahm man einfach das betreffende Ziegelbruchstück in den Mund und spuckte es aus, wie jeden anderen Begriff auch. So wussten alle anderen sofort intuitiv was man meinte und auf welchen Gegenstand man sich bezog.

Die *Denk'sche Objektsprache* war geboren. Eine Sprache, die zugegebenermaßen etwas unpraktisch war, da sie ausschließlich ermöglichte, sich über Dinge und Ereignisse zu unterhalten die klein genug waren, um in den eigenen Mund zu passen. Trotzdem zeichnet sie sich durch eine absolut exakte Begriffsfindung aus. Jeder sagt exakt das, was er meint, da ihm das was er meint, bereits auf der Zunge liegt. Missverständnisse waren so gut wie unmöglich, außer jemand kannte den Gegenstand nicht, den sein Gegenüber ausspuckte.

Die Gespräche beim jährlich stattfindenden Objektsprache-Kongress drehten sich vor allem um Murmeln, Kaugummis, Lutschtabletten, Bonbons und Lakritze, sowie über das Essen, an dem sich die Teilnehmer gelegentlich verschluckten oder den erbrochenen Alkohol, der nach einer durchzechten Nacht in dem einen oder anderen Objektsprecher wieder hochkam. Auch die eigene Spucke war ein häufig angesprochenes Themenfeld.

Die Sprache verschwand leider, als die Teilnehmer anfingen, einfach Sätze auf Zettel zu schreiben, diese zerknüllten, sich in den Mund stopften und wieder ausspuckten, sodass sie mit den Signifikanten (der Zettel mit Text darauf) auf den Signifikaten (den Zettel mit Text darauf) verwiesen. Irgendwann wurden die Zettel dann wegreduziert, sodass nur noch die Sätze und die Wörter übrig blieben, die die Sprecher sich immer noch vor die Füße spuckten. Eine absolut einzigartige Technik, in der man durch geschickte Manipulation von Luftwellen auf eben jene Luftwellen referiert. Diese spezielle Art des Sprechens, die sehr an die normale Art des Sprechens erinnert, unterscheidet sich davon jedoch in seiner Exaktheit und zeitloser Universalität, wie die Sprecher der Objektsprache immer noch beteuern.

Leider lässt sich nicht nachvollziehen, wie viele Objektsprache-Sprecher es heute noch gibt, da sie sich inzwischen in keinem einzigen Punkt mehr von normalen Menschen unterscheiden würden.

5 Fragen – 5 Antworten

***allmende:** Als Theater-, Radio- und Romanautor, Musiker und Spoken Word-Künstler kennen Sie viele Seiten des Literatur- und Kulturbetriebs. Wie haben die Krisen der letzten Zeit Ihre Arbeit beeinflusst?*

Elias Hirschl: Vor allem zu Beginn der Pandemie sind so gut wie alle Auftritte abgesagt worden und es kamen keine neuen Anfragen mehr. Da bin ich dann auch notgedrungenermaßen mehr aufs rein Schriftliche umgestiegen, hab zum Beispiel Bücher-Rezensionen und Satire-Artikel geschrieben. In der Zeit hab ich auch mit Christopher Hütmannsberger die Band Ein Gespenst gegründet, das entstand am Anfang einfach jeweils von Zuhause aus in Isolationsarbeit, der Austausch erfolgte dann nur übers Internet.

***allmende:** Sie lasen beim Ingeborg-Bachmann-Preis 2022 den Prosatext Staublunge, welcher lakonisch das Lebens innerhalb einer endzeitlichen Szenerie schildert. Halten Sie die geschilderte Szenerie für eine realistische Zukunftsaussicht?*

Elias Hirschl: Beim Text Staublunge habe ich versucht ausschließlich Sachen einzubauen, die jetzt schon in einer Form existieren. Allerdings findet das in der Realität sonst meistens nicht alles auf einem Haufen statt, aber ja es sollte so eine Art Gegenwartsdystopie sein, die im Grunde bereits da ist, ausgebeutete Böden, turbokapitalistische Start-Ups und ein ubiquitärer Leistungszwang.

***allmende:** Sowohl in „Staublunge" als auch in Ihrem Roman „Salonfähig" (2021) porträtieren Sie toxische Maskulinität und führen diese satirisch vor. Was macht diese Thematik so interessant für Sie?*

Elias Hirschl: Toxische Maskulinität nehme ich logischerweise als Mann am direktesten wahr. Ich find es ein spannendes Thema, in welche Rollen man hineingeworfen wird, was stillschweigend von einem erwartet wird und wie Menschen mit ihren Unsicherheiten und der Unfähigkeit in Rollenbilder zu passen, umgehen, auf gesunde oder eben gänzlich ungesunde Art.

***allmende:** Sie schreiben seit 2020 auch für den Comedy-Podcast Das Magische Auge. Wie wichtig ist Humor in diesen von Krisen geprägten Zeiten? Wie empfindlich sind die Menschen?*

Elias Hirschl: Ich finde nicht, dass Humor in bestimmten Zeiten mehr oder weniger angebracht ist. Wahrscheinlich verschieben sich die Themen je nachdem wie die Lage gerade ist, aber ich brauche Humor auf die eine oder andere Weise in allem, was ich mache. Humor ist sicher kein Allheilmittel, aber vor allem die Arbeit mit den anderen vom Magische-Auge-Kollektiv, also Antonia Stabinger, Leopold Toriser und Berni Wagner macht so eine unglaubliche Freude, das hat mich schon auch ein bisschen über die Pandemie gerettet.

***allmende:** Sie sind auch als Musiker tätig und bilden mit dem Produzenten und Musiker Selbstlaut das Musikduo Ein Gespenst. Welche Bedeutung haben Sprachmelodie und Rhythmik in Ihren Schriftstücken? Fällt es Ihnen leichter, Musik und Songs zu schreiben als literarische Texte?*

Elias Hirschl: Ich würde nicht sagen, dass mir eines von beiden leichter fällt, beides kann super sein und beides kann richtig anstrengend sein. Aber vor allem Liedtexte sind sehr vergebend, da muss sich nicht immer alles reimen, es muss nicht immer alles Sinn machen, aber irgendwie passen muss es halt. Wenn ich unkonzentrierter bin, geh ich spazieren und ab und zu schreib ich dann im Gehen einen Liedtext. Wenn ich dann irgendwann wieder genug Konzentration und Koffein intus hab setz ich mich wieder an den Roman.

Rhythmus spielt bei mir auch immer eine große Rolle in Romanen, ich lese mir das dann manchmal laut vor, ob sich das sprachlich gut ausgeht, ob das irgendwie beim Lesen unförmig oder holprig wird, da ist musikalische Metrik auch oft ein gutes Maß.

Elias Hirschl, geboren 1994 in Wien, ist Romanautor, Musiker, Spoken Word-Künstler und schreibt für Theater und Radio. 2014 wurde er österreichischer Meister im Poetry Slam und ist seit mehreren Jahren erfolgreich mit Spoken Word-Texten auf Bühnen in ganz Europa unterwegs. Er schrieb unter anderem Texte für die Theaterstücke *Swing – Dance to the right* (2017) und *Die wunderbare Zerstörung des Mannes* (2018) vom Aktionstheater Ensemble und tourte 2017 und 2019 zusammen mit dem Wiener Musiker Jimmy Brainless lesend und singend durch Ostasien. Im Sommer 2018 war er Stipendiat am Literarischen Colloquium Berlin, 2020 wurde er für sein bisheriges Schaffen mit dem Reinhard-Priessnitz-Preis für Literatur ausgezeichnet. Seit 2020 schreibt und spricht er zusammen mit Antonia Stabinger, Berni Wagner und Leopold Toriser für die Hörspielreihe *Das Magische Auge* auf Radio FM4. Zusammen mit dem Rapper Selbstlaut bildet er das Postpunk-Duo *Ein Gespenst*. Elias Hirschl lebt in Wien. Zuletzt erschienen die Romane *Salonfähig* (2021) und *Hundert schwarze Nähmaschinen* (2017). 2022 gewann er den Publikumspreis beim Ingeborg-Bachmann-Preis.

www.eliashirschl.com

TOTLAND (Augen), 2009, Holzschnitt, 25x33 cm

CLEMENS BRUNO GATZMAGA

Jenseits des Buhnenkessels

Das Weckerklingeln drang nur dumpf an seine Ohren. Kurt war, als liege die Müdigkeit auf ihm wie eine Decke aus Blei. Beinahe wäre er nicht mehr aufgewacht – was ihn so erschreckte, dass er sogleich die Augen aufriss.

Er schob sich aus dem Bett, machte einen vorsichtigen Schritt, verzog das Gesicht. Dann schlurfte er hustend ins Bad. Die Kleidung lag ausgebreitet auf dem Sofa im Wohnzimmer, olivfarbene Outdoor-Hose mit Extrataschen, Pullover mit Zip, Gore-Tex Schuhe. Aus dem Kühlschrank nahm er die vorbereitete Tupperware, den Kaffee aus der gurgelnden Maschine goss er in die Thermoskanne.

Im Auto hing noch immer der Geruch von Baica. „Brav", lobte Kurt, als er den Motor anließ und sie nicht bellen hörte. Er fuhr über die Oberkasseler Brücke und auf den Parkplatz beim Tennisclub, den er seit vielen Jahren nutzte, ohne jemals kontrolliert worden zu sein. Vor Sonnenaufgang stand hier niemand. Er schulterte die Angeltasche, machte die Stirnlampe an, zog sie über den Kopf, richtete sie aus.

Der Weg über die gelben Wiesen zum Rhein hätte ihm früher wenig ausgemacht, jetzt musste er schon nach wenigen Metern anhalten und nach Luft ringen. Dazu neuerdings die Probleme mit dem Bein – sein Kalender bestand nur noch aus Arztterminen. Aber heute ging es, heute musste es gehen, trieb er sich an, wenn nicht heute, wann dann. Mit Sonnenaufgang würde er den ersten Wurf machen, das hatte er immer so gemacht, daran würden auch die Lungen nichts ändern oder das Bein; heute nicht.

Früh am Wasser, das erhöhte die Chancen, etwas zu fangen, vor allem aber erhöhte es die Chancen, in Ruhe gelassen zu werden. Menschen guckten, interessierten sich für Angler, wollten wissen, ob sie etwas fingen, fragten „na, was gefangen?" Kurt mochte das nicht, mochte nicht, wenn man sein Hobby missverstand. Ein Angeltag war ein guter Tag, egal, ob mit Fisch oder ohne.

Dennoch freute er sich natürlich, wenn etwas biss. Seine Köder – handlange Gummifische, gelb oder pink, aufgezogen auf Haken mit Bleiköpfen – warf er aus und zog sie ein, immer wieder, sie grasten den Boden ab, kartographierten die Unterwasserwelt. Deren Beschaffenheit gab ihm Anhaltspunkte, wo die Zander standen – und bissen, an besonders guten Tagen.

Die Buhnen befischte er, seitdem er denken konnte. Hier kannte er sich aus, wusste, welcher Weg am wenigsten beschwerlich war, um ans Wasser zu gelangen. Wusste, bis wohin es spritzte, je nach Schwere der Aufbauten der Schiffe. Doch als er jetzt ankam, endlich, mit letzter Kraft und einem Stechen in der Brust, musste er feststellen, Wasser war da kaum noch.

Kurt hatte es schon in der Zeitung gelesen, hatte im Auto von der Brücke aus einen kurzen, unheilvollen Blick riskiert. Doch dass es so schlimm sein würde, hätte er nicht erwartet. Der Sand knirschte unter den Schuhen, während er durch das ausgetrocknete Buhnenfeld stapfte. Normalerweise endete dort seine Reichweite, dort, wo er jetzt stand, landeten normalerweise seine Würfe. Jetzt begann hier, was vom Rhein übriggeblieben war.

„Scheiße“, sagte er.

Für einen kurzen Moment meinte er wieder die Decke aus Blei auf sich zu spüren und es drängte ihn, sich einfach in den Sand zu legen und weiter zu schlafen. Dann gab er sich einen Ruck, packte die Rute aus, schraubte die Rolle fest, fädelte die Schnur durch die Ringe und befestigte Vorfach und Köder. Dauerte ewig, die ganze Prozedur; den halben Kaffee. Doch mit Sonnenaufgang machte er den ersten Wurf.

Dort draußen, jenseits des Buhnenkessels, strömte es viel zu stark, als dass er den Köder wie gewohnt führen konnte. Die Verbindung von der Rute in seiner Hand zum anderen Ende der Schnur unterhalb der Wasseroberfläche war gestört. Er angelte blind, so würde das nichts werden. Die Schulter tat ihm weh, die Lungen, das Bein auch, alles tat ihm weh. Doch er machte weiter. Irgendetwas sagte ihm, dass er nicht aufhören *durfte*, dass er weitermachen *musste*.

Auf der Brücke staute sich längst der Berufsverkehr. Unten stand Kurt und warf die Angel aus. Er hatte den Rest Kaffee getrunken, Schuhe und Socken ausgezogen und das Wasser über die Zehen streichen lassen. Hatte die Brote aus der Tupperware gegessen, den Pullover ausgezogen, sich geärgert, die Sonnencreme nicht mitgenommen zu haben. Und mehrfach den Gedanken an den Rückweg verdrängt.

„Na, schon was gefangen?“

Neben ihm tauchte eine Dame mit silbernen Haaren und brauner Haut auf. In der Hand einen nassen Tennisball, daneben ein Jack Russel Terrier, der ihr an den Beinen hochsprang. Der Anblick versetzte Kurt einen Stich.

„Nein.“

Klang schroffer als gewollt. Es tat ihm leid, doch er fand die Worte nicht, um sich zu erklären, um es wieder gut zu machen; fand sie mal wieder nicht. Mit Baica, dachte er, hatte es keine Worte gebraucht.

Auf der gegenüberliegenden Seite des Flusses röhrten Jet-Skis hin und her. Über ihm steuerten Flugzeuge den Flughafen an. Und es roch nach nassem Holz, Algen und Mo toröl. Kurt wusste nicht, wie viele Würfe er noch schaffen, wie lange sein Körper das noch mitmachen würde.

Wieder kamen Spaziergänger vorbei, diesmal eine Familie, sie hielten Abstand zu ihm, nur die Tochter pirschte sich heran.

„Was machst du da?“

„Komm Emma, lass den Mann in Ruhe!“, rief der Vater, über das Handy gebeugt.

„Ich angle“, antwortete Kurt, mehr aus Trotz gegenüber dem Vater, als zum Kind.

„Warum?“

„Weil ich Angler bin.“

„Warum?“

„Das ist eben meins. Meine Welt.“

„Emma, komm jetzt!“

Das Mädchen stellte sich neben ihn, sah ernst drein, als denke sie noch über seine

Antwort nach. Sie hatte braune Haare und eine laufende Nase, leckte den Schnodder weg, den sie mit ihrer Zunge erreichte. Die Augen verfolgten genau, was er tat, wie er auswarf.

„Darf ich auch mal?"

„Heute ist kein guter Tag."

„Darf ich?"

Kurt sah zu den Eltern hinüber, fand den Blick der Mutter – einen offenen Blick, in dem alle Liebe der Welt lag und die Bürde der Verantwortung.

Also kniete sich der Angler hinunter zu Emma, ächzte, erklärte, wie man den Bügel der Rolle öffnete, Schwung holte, die Schnur hielt und sie wieder los ließ. Zwei, drei Würfe musste er ihre Hände noch führen, dann übernahm sie. Der Köder landete früh, aber landete im Wasser.

Der Anblick, wie das Mädchen die Angel auswarf und die Schnur einkurbelte – mit einer Konzentration, als hänge nicht nur seine, sondern auch ihre, als hänge die ganze Welt daran – machte etwas mit Kurt.

„Alles ok?"

Dem Blick der Mutter entging nichts. Auch die Kleine merkte was, hörte einen peinlichen Moment lang auf zu kurbeln, große braune Augen voller Neugier. Dann zuckte es an der Angel.

Kurt sprang auf – das Adrenalin, der Übermut – schlug an und holte gemeinsam mit ihr ein. Auch der Vater war auf einmal dazu gekommen, hatte das Handy weggesteckt, legte die Hand auf die Schulter seiner Tochter. Bis ein Barsch im Wasser vor ihnen auftauchte, kaum größer als der Köder, doch wunderschön gezeichnet, grünes Schuppenkleid, dunkelorange Flossen.

„Gut festhalten und nicht weiterkurbeln", erklärte Kurt.

„Kann ich den haben?", fragte Emma.

Kurt, wieder auf Knien und mit den Händen im Wasser, löste den Haken vorsichtig aus dem Maul des Fisches. Sanft hielt er ihn für einen Moment umklammert, damit auch die Familie einen letzten Blick erhaschen konnte. Dann ließ er ihn schwimmen.

„Mann, ich wollte den haben!", protestierte Emma.

„Der muss noch wachsen", antwortete Kurt.

„Darf ich nochmal?"

„Vielleicht ein andermal."

„Jaaa", jubelte Emma, „morgen habe ich Zeit. Geht morgen?"

Kurt wusste nicht, was er darauf antworten sollte.

„Komm Emmalein", lächelte die Mutter, „wir gehen jetzt besser nach Hause. Bald wird es dunkel."

„Ach Mann", Emma stampfte den Fuß in den Sand.

Der Vater zögerte.

„Sie bleiben noch?"

„Jaja", winkte Kurt ab.

Einen Moment lang stand er da, ohne auszuwerfen, ohne groß nachzudenken. Dann fuhr er herum und rief der Familie hinterher.

Kurt saß völlig entkräftet im Auto vor dem Tennisplatz und probierte den Früchteriegel, den ihm Emma geschenkt hatte. Schmeckte furchtbar, dachte er. Dann ließ er den Motor an. „Brav", hätte er beinahe gesagt, als er Baica nicht bellen hörte. Doch Baica war nicht da – und sein Angelzeug nun auch nicht mehr. Also sagte er nichts, stopfte sich den Riegel in den Mund und fuhr nach Hause.

5 Fragen – 5 Antworten

allmende: *Ihr 2021 erschienener Debütroman „Jacob träumt nicht mehr" gibt einen Einblick in die stressreiche Welt von Marketing- und Werbebranche. Sie haben selbst in einer Digitalagentur als Werbetexter gearbeitet. Inwiefern ist diese Abrechnung mit der Leistungsgesellschaft eine Reaktion auf Ihre Erfahrungen in der Arbeitswelt?*

Clemens Bruno Gatzmaga: Mit jedem Satz, jedem Selbstzweifel, jedem Scheitern, habe ich gemerkt, das wird keine Geschichte über dich, das wird eine Geschichte über uns alle, die wir versuchen, einen Weg durch den Wahnsinn zu finden, den wir Alltag nennen. Deshalb konterkariert der Roman auch das alte Spiel von Gut gegen Böse: Jacob, der Protagonist, kündigt und sucht auf dem Land sein Glück. Anstatt aber erfolgreicher Aussteiger zu werden, versinkt er bis zum Bauchnabel in einem Moor.

allmende: *Kann Jacob als Vertreter der sogenannten Millennials gelten? Welche Werte und Vorstellungen gegenüber sich selbst und der heutigen Welt hegt er? Was würden Sie dieser Generation, der man nachsagt, dass sich die meiste Zeit hinter den Bildschirmen ihrer mobilen Endgeräte versteckt und ihre Identität abhängig von der eigenen Position in der Firma aufbaut, raten?*

Clemens Bruno Gatzmaga: Was ich beobachte, sind Prozesse der Individualisierung, die medial sehr negativ rezipiert werden. Wir haben es offensichtlich lieber gleichförmig. Denn dann würde man das klassische Arbeitsmodell – ich gebe dir Geld, dafür tust du, was ich dir sage – weniger hinterfragen. Ich würde eher den Arbeitgebern raten, neue Wege zu suchen. Die Agentur Nitrogold, in der Jacob arbeitet, versucht es beispielsweise mit familiärem Miteinander und Achtsamkeitstrainer. Die Frage ist dann: Dienen diese Dinge dazu, unser Arbeitsleben gesünder zu machen? Oder dienen sie nur der Effizienz und der Verfestigung hierarchischer Strukturen?

allmende: *Ihr Roman wurde in Rezensionen für die sehr eindrückliche Sprache des Protagonisten gelobt, der oft nicht Deutsch sondern „Bussinessdenglisch" spricht. Welche Bedeutung messen Sie dieser neuen Entwicklungen in der deutschen Sprache bei? In Ihrem Roman wechseln Sie immer wieder zwischen Traumwelt und Realität. Stilistisch fällt die knappe Hauptsatzsprache auf. Warum diese Konzeption?*

Clemens Bruno Gatzmaga: Das Englische ist ökonomischer als das Deutsche und soll dem Gesagten einen weltmännischen Anstrich geben. Agenturmenschen dient es als Code. Mit dem gewünschten Nebeneffekt, dass der Auftraggeber schon an der Sprache merkt: Die kennen sich aus, das sind Macher. Aber auch Macher – selbst wenn sie mit wenig Schlaf auskommen und immer busy sind – müssen hin und wieder mal träumen. Im Roman trifft dann der Business-Sprech auf die Poetik des Traums. Robert Walser sagte einmal, es gäbe Momente im Traum, deren Erinnerung wir im Leben nie vergessen können.

allmende: *In einem Interview sagten Sie einmal: „Ich habe auch das Gefühl, dass bei mir die Figur erst Leben bekommt, wenn sie geschrieben wird." Was war bisher das für Sie Überraschendste, das Sie beim Schreiben herausgefunden oder beschlossen haben?*

Clemens Bruno Gatzmaga: Wenn Figuren nur dazu dienen, als AutorIn einen Punkt zu machen, wird mir das zu pädagogisch. Mich interessieren die Ambivalenzen. Ich möchte der Figur auf Augenhöhe begegnen, anstatt sie aus ironischer Distanz zu betrachten oder sie einem großen Narrativ unterzuordnen. Schulze, mein Klagenfurt-Text, ist so ein Beispiel: Natürlich geht es um einen alten weißen Mann, der alter-weißer-Mann-Dinge tut. Aber in der Natur des Menschen steckt doch noch so viel mehr.

allmende: *In einem Interview mit Deutschlandfunkkultur sprachen Sie davon, dass Melancholie Sie zum Schreiben animiert. Inwiefern hat das mit den permanenten Krisen zu tun, in denen wir leben? Klima, Corona, Krieg und ökonomische Zeitenwende – was bedeuten diese Krisen für Ihr eigenes Schreiben? Welche Rolle kommt Ihrer Ansicht nach der Literatur in diesen Zeiten zu?*

Clemens Bruno Gatzmaga: Die Symptome unserer Zeit spielen in meinem Schreiben immer eine Rolle, das passiert bewusst und unbewusst. Es gibt ein großes resignatives Moment und die Hoffnung, eine Sehnsucht, die dagegen hält. Literatur kann eine Verbindung zu uns selbst herstellen, die wir im Alltag leicht verlieren. Durch Literatur kann man sich verstanden fühlen, sie kann einen Raum der Geborgenheit schaffen, kann heilen. Es geht um die Seele der Menschen. In Krisenzeiten gehört Literatur, gehört Kultur insgesamt, deshalb besonders gefördert.

Clemens Bruno Gatzmaga, 1985 in Düsseldorf geboren, arbeitet als Texter und Journalist und ist Mitgründer eines Ausstellungsbüros. Seine literarischen Texte beschäftigen sich mit der neuen Arbeitswelt, den Herausforderungen unserer Zeit, dem „Dazwischen" und wurden in Literaturzeitschriften, Anthologien und Zeitungen veröffentlicht. Sein Debütroman *Jacob träumt nicht mehr* (2021) stand auf der Shortlist des Österreichischen Buchpreises (Debüts). 2022 las Gatzmaga beim Ingeborg-Bachmann-Wettbewerb. Nach Stationen in Münster und Berlin lebt er in Wien.

www.clemensbruno.com

STILLES VOLK (Mädchen mit Wolke), 2006, Holzschnitt, 23 x 30 cm

SARA EHSAN

ich stehe vor dem Spiegel
und beobachte meine
runterhängenden Lippen
mein Lächeln eine
schiefe Fratze
seelenlos

während in einem
Land Heldinnen
tagaus nachtein
geboren werden
Zahhaks Schlangen die Kinder
des Landes verschlingen

lese ich, dass Lächeln
die Welt ändern kann
ich soll verzeihen
nicht nachtragend sein
doch nachts trage ich
meine Wut und
Trauer ins Bett und
wärme sie im Bauch

sich schuldig zu fühlen
ohne jegliches Verbrechen
das Schicksal von
Exilanten, wenn sie
die Hyänen beim zerfleischen
ihrer Kinder betrachten

die Suche nach Sprache
wenn Fäuste und
Schüsse dir in den
Mund eindringen

die Waschmaschine dreht
sich mit ihr der
Dreck der Geschichte

meine Tochter sagt die
Menschen sind einfach dumm
ich antworte: zum Glück ist
das nicht ihre einzige Eigenschaft

meine Familie hinterlässt eine
Nachricht:
mach dir keine Sorgen
wir sind bei den Unruhen
nicht dabei
ich weiß wie es ist ständig
lügen zu müssen,
wenn man abgehört wird

in Deutschland grau
in der EU grauts
in meinem Land
rot
mit Knochensplitter besät

Akzeptanz, Respekt, Fluidität und Genderfuck

Ein Interview mit jungen queeren und lesbischen Erwachsenen

Nach einem intensiven Gespräch mit meiner 18-jährigen Nichte, Tara Ehsan, die sich als konservativ aber auch offen bezeichnet, über Sexualität, Geschlecht und sexuelle Orientierung, in Café Rieh, forderte ich sie auf ihre Gedanken mir schriftlich mitzuteilen. Sie schrieb mir folgendes:

„Meine Generation sorgt oft für Unverständnis und offene Fragen. Wir jungen Leute finden immer etwas Neues, um die alt etablierte Ordnung aufzubrechen, sei es durch Modetrends, politischen Protest, einen neuen Sprachgebrauch, oder gleich die komplette Neudefinierung von uns als Individuum, als Mensch. Die Jugendzeit war schon immer die Zeit des Übergangs vom Kind zum Erwachsenen, von Fremd zur Selbstkontrolle. Diese Phase der Selbstfindung ist essenziell in jeder Hinsicht und so vielschichtig (und anspruchsvoll), dass über seltsame Entwicklungen und Tendenzen hinweggesehen werden kann. Es ist schließlich nur eine Phase, nicht wahr?

Doch was tun, wenn wir etwas so Ursprüngliches wie Geschlecht und Sexualität in die eigene Hand nehmen? Wie kommen wir darauf Mutter Natur zu widersprechen und die seit der Existenz des Menschen bestehenden, naturgegebenen Zustände zu hinterfragen? Ist das Ganze jugendlicher Übermut? Wollen wir Gott spielen, oder ist die Debatte über Sexualität und Geschlecht einfach schon zu lange überfällig gewesen?

In meinem Alltag als 18-jährige Schülerin in Berlin bin ich täglich mit diesen Fragen konfrontiert. 95% meiner sich als weiblich identifizierenden Freunde (die meinem Stand nach politisch korrekte Bezeichnung) sind nicht heterosexuell. Sie bezeichnen sich als bi-, homo- oder pansexuell, wobei ich bestimmt diverse Ausrichtungen vergessen habe. Der Großteil von ihnen lebt ihre Sexualität auch frei aus. Ihre Eltern wissen Bescheid, sie führen Beziehungen mit dem gleichen, dem anderen oder jeglich anderem Geschlecht, ohne sich dafür zu schämen oder zu verstecken. Das freie Ausleben von Sexualität ist doch auch wichtiger Teil der Selbstfindung der Jugend, warum also beschränkt bleiben auf das jeweils andere Geschlecht? Aus Erfahrungen lernt man bekanntlich und das Erweitern des Horizonts kann wohl kaum angefeindet werden. Trotzdem habe selbst ich meine Zweifel an der Echtheit dieser Aussagen. So äußern viele dieser genannten Freunde häufig das Gefühl sich vom gleichen Geschlecht angezogen zu fühlen, haben diese Anziehung jedoch noch nie ausgelebt. Die Mehrheit von ihnen hatte im Endeffekt noch nie eine Beziehung oder auch nur sexuellen Kontakt mit dem gleichen Geschlecht. Manchmal denke ich, dass gewisse

Teile dieser Community durchaus nur aus Trend oder einem Abgrenzungswillen dabei sind, was uns jedoch keinesfalls das Recht gibt, sie zu delegitimieren, für unglaubwürdig zu erklären oder kleinzureden. Jeder individuelle Fall hat seine Berechtigung und abgesehen davon - kann man nicht auch mal etwas ohne vollkommen ernste Hintergedanken machen, einfach der Erfahrung und des Spaßes wegen? Die Jugend hat sich schon immer gern in Gruppen geteilt und die der meinen sind eben vielleicht die Aufteilung in sexuelle Orientierungen.

Sexualität, schön und gut, aber was wenn wir uns als Wesen ändern wollen. Ist eine Typveränderung heute nicht nur die neue Frisur, sondern gleich das neue Geschlecht? Identitätskrisen sind auch fester Bestandteil in dieser Altersgruppe, aber man könnte es als massiv übertrieben ansehen, wenn wir nicht nur unsere Identität, sondern gleich unser Geschlecht bestimmen wollen. Etwas Ursprünglicheres, Naturgegebeneres gibt es kaum. In jeder Kultur der Welt sind die zwei Geschlechter klar getrennt, haben ihre eindeutigen Rollen und Eigenschaften. Wir sind auf einmal der Auffassung wir könnten dieses Geburtsrecht zurückweisen. Nicht nur entscheidet man sich als Transgender für das jeweils andere Geschlecht, man muss sich nicht mehr entscheiden: sich als "genderfluid" bezeichnende Menschen legen sich nicht mehr auf ein Geschlecht fest, sondern fühlen sich stets einem anderen Geschlecht zugehörig oder betrachten das Geschlecht generell als abstraktes Konstrukt und weisen jegliche Betitelung ab. Das mag befremdlich scheinen, schließlich kann man durchaus mit den körperlich eindeutigen Unterschieden argumentieren, jedoch ändert das nichts an dem tiefen Gefühl des Unbehagens und der Nichtzugehörigkeit zu einem Geschlecht. Bereits in der 8. Klasse, also mit circa 14 Jahren äußerte sich ein Mitschüler von mir, früher Susanne, dass er jetzt Lias* hieße. Die innere Stärke und Kraft aufzubringen, so etwas gesellschaftlich zu verkünden, in einem Alter in dem man nicht als entscheidungsfähig betrachtet wird, Spott und Unverständnis auf sich zu ziehen, sei es seitens der Mitschüler, Lehrer oder Eltern, muss unglaublich schwer gewesen sein. Wir gewöhnten uns alle an die neuen Umstände und tatsächlich war das ganze keine Phase; heute in der 12. Klasse ist Lias erfolgreich in einer Hormontherapie und der Großteil der Schule weiß nicht, dass er sich vor einigen Jahren noch als Mädchen bezeichnet hat. Auch ein anderer Schüler hat diesen Schritt getan. Die weitreichenden, endgültigen Konsequenzen von so etwas beweisen, meiner Meinung nach, eindeutig den Ernst und die Wahrhaftigkeit dieser Gefühle.

Und ist Geschlecht nicht auch wirklich irgendwo ein abstraktes Konstrukt? Vielleicht hilft uns diese Debatte und neue Bewegung die festgefahrene Definition und Assoziationen mit Mann und Frau aufzulockern und neu zu schreiben. Oder vielleicht brauchen wir auch keine neue Definition, sondern lassen das etwas individuell Definierbares sein, anstatt einen Rahmen zu schaffen, in den man passt oder eben auch nicht."

Dieser Brief veranlasste mich mehr über das Thema zu reflektieren. Ich erzählte meiner Freundin, dass ich gerne einen Artikel über Genderfluidity schreiben will. Sie sagte: „Mach das nicht, du wirst gegrillt

* Die Namen wurden anonymisiert

werden!" Das motivierte mich erst recht, es zu tun.

Meine eigene Geschichte als bisexuelle Person und Autorin spielt dabei sicherlich eine Rolle. Ich hatte nie ein offizielles Coming-out, sondern ein Ineinanderfließen von Ereignissen, die sich für mich immer fluide anfühlten, aber dem Bereich des Privaten gehörten und nicht des Persönlichen. Meine Partner- und Freund*innen wussten meist davon, ich lebte es aber nicht offen nach außen aus und habe immer noch Schwierigkeiten es gleichberechtigt auszuleben. Partner*innen waren meist sehr gute Freund*innen, die ich schon lange kannte und mit denen ich immer noch befreundet bin. Aber keine von ihnen lebte nach außen bisexuell. Es waren für sie vielleicht Einmalerfahrungen mit einer gleichgeschlechtlichen Person. Sie alle sind, wie ich selbst auch, in Hetero-Beziehungen groß geworden, nur, dass ich immer die Sehnsucht nach einer gleichgeschlechtlichen Partnerin in mir trug und sie vielleicht nicht. Das thematisiere ich auch teils in meiner Dichtung und Prosa.

Dieses Jahr war ich zum ersten Mal, mit meiner Tochter, auf dem CSD in Karlsruhe. Mir kamen sofort die Tränen. Diesen Mut, den diese jungen Menschen nach außen trugen, diese ausgelassene Fröhlichkeit und offene Haltung, war für mich überwältigend. Nie hätte ich mir erträumt, dass so viele junge Menschen, sich in ihrer Geschlechtsidentität und sexuellen Orientierung außerhalb der heteronormen Gesellschaft positionieren. Der CSD hatte leider kein schönes Ende, denn es gab Übergriffe, Beleidigungen, die nun vom Staatsschutz ermittelt werden. Das Leben als queere Person mag in Deutschland viel einfacher sein, als in Ländern, wo die Todes- oder Haftstrafe für LGBTQI+ existiert, deshalb ist es eine gesamtgesellschaftliche Aufgabe, für Akzeptanz, Respekt, Gleichberechtigung und den Schutz von queeren Personen zu kämpfen. Ich hatte in meinem Leben viel mit Überlebenskampf, Klassismus, Rassismus und deren Verarbeitung zu tun, so dass ich bisher nicht die Kraft gefunden hatte, auch noch für diesen Diskriminierungsmerkmal zu kämpfen. Aber vielleicht ändert sich das mit diesem ersten Schritt. Deshalb beschloss ich drei junge Erwachsene auf dem CSD Karlsruhe, am 04.06.2022, zu interviewen, die ihre Positionierung klar nach außen zeigten.

Akzeptanz

(Barbara)

Ich bin Barbara, bin 32 Jahre alt und arbeite momentan als Produktionsleitern in einer größeren Firma am Rheinhafen. Ich bin Stolz darauf, verdammt Stolz darauf, definitiv. Ich bin stolz darauf, dass ich meine Liebe durchsetzen konnte und dass ich dafür kämpfe. Das kann nicht jede/r.

Was meinst du damit?

Dass manche sich einfach nur verstecken, verstellen, weil sie es müssen, weil sie Angst davor haben. Es gibt so viele, verdammt viele Länder, in denen man einfach nur abhauen muss, in denen man sich verstecken muss, in denen man Angst hat. Man sitzt nur in einer Ecke und hat Angst etwas der Mutter oder dem Vater, oder den Geschwistern, oder den Großeltern, der Familie, Freunden zu sagen, weil man Angst hat, nicht akzeptiert zu werden, weil man kein Vergewaltiger, kein Mörder, kein schlimmer

Mensch ist. Man möchte einfach nur geliebt werden und einfach nur für die Liebe kämpfen, man möchte einfach nur glücklich sein und man tut keinem irgendetwas Negatives, man möchte einfach nur lieb zu anderen sein und Liebe zeigen.

Ab wann wusstest du, dass du nicht hetero bist?

Ungefähr mit 13 Jahren. Da bin ich nach Deutschland gekommen, meine Mutter hat mich nach Deutschland geholt mit meinem Stiefpapa, ihrem neuen Freund. Mit 21 Jahren habe ich mich geoutet. Meine Mutter wollte mich zu einer Kirche mitnehmen, damit der Teufel aus mir ausgetrieben wird. Es war so üblich in Polen. Sie dachte, dass ich einen Teufel in mir hätte, etwas ganz Schlimmes, obwohl ich gesagt habe: Mama, hör zu, entweder mache ich Kinder für dich mit einem Mann, aber ich werde niemals glücklich, und ich würde die Kinder niemals lieben, oder ich werde eine Frau haben mit der ich glücklich bin und das Kind werde ich immer lieben, denk daran! Dann hat meine Mutter gesagt: okay.

Gibt es für dich Orte, an denen du dich nicht offen outest aus welcher Community du bist?

Ich sage es immer. Ich stehe ganz offen dazu wegen meinem wunderbaren Cousin (Pawel) , der sich leider, wegen so einem Mist erhängt hat. Definitiv stehe ich offen dazu, um ein Zeichen zu setzen, es ist einfach nur Liebe. Was heißt einfach nur Liebe? Es ist nicht einfach nur Liebe. Liebe ist niemals einfach. Liebe ist wundervoll, Liebe ist ein Gefühl, Liebe ist Herz, Liebe ist alles. Man kann ohne Arm leben, ohne Bein leben, oder sonst etwas, aber niemals ohne Herz. Liebe ist Liebe.

Wie bezeichnest du dich momentan?

Ich bezeichne mich als eine Verlobte einer wundervollen Frau mit der ich seit fünf Jahren zusammen bin, die zwar zehn Jahre jünger als ich ist, aber sie ist mein ein und alles, mein alles, weil es einfach nur Liebe ist, egal wie alt. Es gibt Unterschiede, es gibt krasse Unterschiede, aber ob Frau, Mann, Trans, ist scheißegal. Liebe ist Liebe und man kann niemals ein Herz verarschen, kann man nicht. Man kann jeden Menschen anlügen, aber ein Herz kann man nicht anlügen, geht nicht, funktioniert nicht, ein Herz weiß es, ein Herz spürt es, ein Herz hat das Gefühl, ein Herz schlägt, und es schlägt nur bei dieser einen Person.

Ich meine in meiner Generation gab es nicht all diese Bezeichnungen, es gab schwul, lesbisch, trans, oder bi, viel mehr gab es nicht. Es gibt ja jetzt viele andere Bezeichnungen und einen größeren Spielraum und Auswahlmöglichkeiten. Was denkst du darüber. Ist es sinnvoll? Ist es etwas Politisches, oder was ist es für dich?

Nein, finde ich überhaupt nicht. Das ist nichts Politisches, absolut nicht. Wie gesagt, das sind einfach Gefühle, politisch ist nur Bürokratie, Schreiben, so wie bei mir auf der Arbeit: ausdrucken fertig! Man darf es nicht verwechseln, das ist ganz ganz falsch, Gefühle und Schreiben, nein, nein, absolut nicht. Bitte niemals. Das ist Lieben, was zum schönen Leben führt, das ist das Glück.

Wir haben alle so ein kurzes Leben. Wir müssen einfach alle glücklich sein.

Was wünschst du dir von der Community und was soll sich in der Gesellschaft noch ändern?

Akzeptanz. Einfach nur das Wort Akzeptanz. Kann nicht mehr dazu sagen, als Akzeptanz. Es gibt Gefängnisse, wo Leute sitzen in Ungarn, niemals vergessen, die Leute die verhaftet werden dafür, dass sie homosexuell sind, in Polen, in Bundesländern, die LGBT-freie Zonen sind. Wir sind nicht im 19. Jahrhundert. Ich wünsche mir einfach nur Akzeptanz von den Menschen für die Liebe. Für nichts anderes.

Respekt
(Juanita)

Ich bin Juantita, ich bin 22 und ich stehe auf Frauen, ich bin lesbisch.

Seit wann weißt du das?

Das ist eine schwierige Frage. Es war am Anfang unterschiedlich. Ich probiere lieber alles mal aus, bevor ich es verneine. Das hört sich vielleicht blöd an, aber wie beim Essen, probiere es erstmal, bevor ich sage: ich mag es nicht! Mit 14 – 15 habe ich mich dann vor meinen Eltern geoutet und gesagt, ich hatte schon mal eine Freundin und es ausprobiert. Sie meinten dann: Ja, es ist vollkommen in Ordnung! Da war ich sehr stolz darauf, dass sie das respektiert haben. Natürlich hat mein Dad gedacht, oh je, er werde niemals Enkelkinder haben, aber danach hat er es verstanden: nur weil man auf das gleiche Geschlecht steht, heißt es nicht gleich, dass er keine Enkelkinder haben wird.

Hast du dich nur vor deinen Eltern geoutet?

Ich habe mich zuerst vor Freunden geoutet und zum Schluss bei den Eltern, weil ich da die Sorge hatte, nicht zu wissen, ob sie es respektieren, es verstehen können. Deshalb war es vor den Freunden für mich einfacher, weil ich dachte, wenn sie nicht damit klarkommen, dann gehen sie. Man findet immer neue Freunde, lernt immer neue Leute kennen, Familie ist da wichtiger, da hat man eher Angst ob es klappt oder nicht.

Wie findest du die Entwicklung der letzten Jahre, wo sich die Begrifflichkeit auch geändert hat. Wir haben jetzt viel mehr Möglichkeiten. Kannst du dich damit noch identifizieren, oder ist dir das zu viel, oder brauchen wir das nicht, oder ist es sehr wichtig, dass sich Menschen so bezeichnen können?

Ich bin da geteilt, ich finde es wichtig, dass man weiß, wo man steht, was man ist, ich finde es auch gut, wie sich die Menschen in den letzten Jahren entwickelt haben. Wenn ich mir überlege in der Schule jetzt: die Eltern klären einem nicht darüber auf und dann kennt man das nicht, und ist skeptisch darüber. Heutzutage ist es viel einfacher, weil man darüber redet, man erklärt, wenn Kinder miteinander reden. Das finde ich ziemlich gut. Es gibt auch Lehrer, die darüber reden, was ich sehr gut finde, damit man wenigstens mal gehört hat, was es alles gibt. Es gibt immer noch Leute, die verstehen es nicht, oder von ihrer Kultur, oder vom Verständnis. Sie können es vielleicht mit sich selbst nicht ausmachen, aber ich finde heutzutage hat sich sehr viel entwickelt, man ist viel offener, man sagt wer man ist, was man ist und das finde ich ziemlich gut. Ich finde das sollte auch so bleiben.

Gibt es für dich Orte oder Menschen, denen du das lieber nicht offen zeigst?

Nein! Ich bin sehr offen darüber, wenn ich mal mit irgendwelchen Leuten trinken gehe, oder feiere. Wenn sie jemanden kennen lernen wollen, da sage ich gleich: ich stehe auf Frauen. Ich habe eine Frau an meiner Seite, da ist man sich klar drüber. Oder ich sage: wenn du eine Frage hast, dann stell sie einfach! Darüber sollte man offen reden, dann hat man Klarheit.

Es gibt auch Leute, die sagen, das ist meine Privatsphäre, das geht niemanden etwas an, wie ich lebe, mit wem ich zusammen bin, das ist meine Sache und wenn mich jemand fragt, muss ich ihm nicht antworten. Dieses offene Nachaußentragen gab es in meiner Generation nicht bei allen.

Wenn die Leute fragen, ist es für mich einfacher. Ich möchte auch nicht zu den Leuten hingehen und sagen: ich stehe auf Frauen. Dann denken sich manche: und jetzt? Ich wollte es nicht wissen! Daher ist es immer gut, wenn die Leute offen fragen. Ich sage von Anfang an, ich bin offen, wenn du was fragen willst, frage, wenn nicht, dann lass es.

Seid ihr aktiv in der Community, oder eher unter euch?

Wir sind eher unter uns, aber wir haben uns vorgenommen jetzt aktiver dabei zu sein.

Warum?

Wir finden es einfach wichtig, dass Menschen, die sich nicht damit auskennen, gerade auch junge Leute, mehr darüber erfahren und keine Scheu haben im Leben herumzuexperimentieren, zu wissen, wer bin ich eigentlich wirklich, was kann ich, ob beruflich oder einfach so.

Was sagst du Hetero-Eltern, die das Thema immer noch überfordert, die vor allem bei der Kindererziehung Angst haben, dass die Kinder zu sehr beeinflusst werden von diesen Themen, oder weil die Kinder noch zu klein sind. Es gab letztens diese Debatte nach der Sendung mit der Maus und Elternbeschwerden, die sich empörten, dass eine Transperson vorgestellt wurde, es würde die heteronormative Welt des Kindes bedrohen.

Ich glaube, die Leute haben Angst davor, dass es die Kinder beeinflusst. Ich bin auch ein bisschen geteilt, wenn man nicht will, dass es das Kind es sieht oder damit konfrontiert wird, dann muss man das auch nicht anschauen. Man ist nicht gezwungen das anzuschauen, man kann auch sagen: wir laufen weiter, wir schauen uns etwas anderes an. Wenn jemand damit nicht klarkommt, oder sich überfordert fühlt, dann respektiere ich das.

Das macht dich nicht wütend?

Nein, auf keinen Fall. Meine Oma kam damit auch nicht klar. Da habe ich gesagt: es ist in Ordnung, lass dir Zeit! Man muss nicht einmal verstehen, man sollte es einfach nur respektieren. Du lebst dein Leben, ich lebe mein Leben. Viele kommen aus einer anderen Generation, wurden anders erzogen. Ich sage immer: Menschen machen Menschen. Deshalb finde ich das völlig in Ordnung, wenn jemand sagt: ich möchte das nicht sehen, dann sage ich: dann schaue nicht hin! Du hast die Kontrolle über dich selbst, wenn du das nicht sehen möchtest, dann schaue einfach weg.

Wie stehst du zu dem Thema, dass sich immer mehr Jugendliche als genederfluid, bisexuell, pansexuell, etc. bezeichnen? Manche Heterojugendliche sagen das sei nur eine Modeerscheinung, da viele von ihnen noch nie wirklich gleichgeschlechtliche Erfahrungen oder Beziehungen gehabt haben. Wie stehst du dazu?

So Leute habe ich auch kennengelernt, egal in welchem Alter. Ich bin ein Mensch, der sagt, probiere es erst aus, bevor du sagst ich mag das nicht.

Meinst du sich so bezeichnen, obwohl man es gar nicht ausprobiert hat? Oder erst ausprobieren, und wenn man die Klarheit hat sich so bezeichnen? Oder denkst du das ändert sich sowieso wieder?

Ich muss sagen, das kann sich immer ändern. Am Anfang dachte ich auch, ich stehe nur auf Männer und dann habe ich Interesse auch für Frauen gesehen und dachte mir, warum nicht. Also probiere ich es erst aus, bevor ich sage, nein, ich mag das nicht, ich stehe doch lieber auf Männer.

Denkst du, dass sich Jugendliche vielfältiger bezeichnen, weil es eine Phase ist, wo man vieles ausprobieren möchte und noch keine endgültige Feststellung bei sich registriert hat? Oder siehst du es als Modeerscheinung, oder eine emanzipative Bewegung, die einen Geisteswandel herbeiführt?

Ich glaube es ist so fifty-fifty. Wenn mir jemand sagt: ich stehe nur auf Frauen, dann versuche ich von meinem Bauchgefühl zu schauen: hat sie recht oder nicht, von den Geschichten, vom eigenen Leben? Dann schaue ich eher im Inneren: glaube ich ihr, oder glaube ich ihr nicht? Ich glaube es gibt viele, die das als Modeerscheinung sehen und sagen: ich stehe nur auf Frauen, oder Männer oder bin pansexuell. Und es gibt die anderen, die meinen es wirklich ernst.

Hast du noch einen Wunsch für die Community?

Bleibt offen, offen und ehrlich, selbst wenn man abgewiesen wird, ist es in Ordnung. Da lernt man auch viel dazu über andere Menschen, man entwickelt ein besseres Bauchgefühl, wenn sie etwas sagen, ob sie es ernst meinen, oder nicht. Manche haben auch einen Blick dafür. Dann weißt du, sie denken über dieses Thema: Ne, Puh! wenn man es anspricht. Einfach offen und ehrlich bleiben! Wenn man nicht für sich selber steht und nicht offen ist, belügt man sich selbst, das tut einem selber nicht gut.

Fluidität

(Miss Jacuzzi -she/her-)

Ich bin Dragqueen aus Freiburg, 22 Jahre alt, ich studiere inzwischen schon und bin heute hier in Drag, und Out-of-Drag würde ich mich als queeren jungen Menschen bezeichnen.

Seit wann bezeichnest du dich so?

Ich habe mich mit 16 als klassisch schwul geoutet und habe dann knapp vor zwei Jahren mich eher als queer gelabelt, weil ich das einfach passender gefunden habe. Ich finde bei dem Begriff queer schwingt noch mehr etwas Politisches und ein bisschen mehr Freisein mit. Das Heteronormative ist inzwischen auch im Gay-Begriff angekommen und queer ist noch ein bisschen junger, rebellischer, politischer und ein bisschen mehr genderfuck.

Bist du in der Community aktiv, oder eher nicht?

Ich bin als Dragqueen aktiv, man kann mich für Partys, Redebeiträge buchen. Ich bin eigentlich breit aufgestellt. Ich studiere Philosophie und Englisch mit einem Schwerpunkt auf Gender Studies. Das heißt da mache ich auch viel selbst und kann mir das auch gut beruflich vorstellen in die Richtung weiterzuarbeiten.

Wie findest du die Veränderung der Begrifflichkeiten, die sich in den letzten Jahren massiv geändert hat. Es gibt viel mehr Möglichkeiten. Die Kritik, meist von Heteros ist, es sei eine Modeerscheinung.

Ich würde sagen, dass es keine neue Erscheinung ist, sondern dass wir das erste Mal offen und unzensiert auftreten dürfen und Begriffe wie queer gab es schon vor 20 Jahren, aber damals waren sie überwiegend negativ konnotiert und jetzt schaffen wir es das Wort für uns zu reclaimen, das heißt, wir können es selbst wieder positiv konnotieren, wie das Wort Schwuchtel, wenn ich mich als queergelesener, oder schwulgelesener Mann, mittlerweile als Schwuchtel bezeichne, ist das viel mehr empowernd, als wenn es der straighte Mann auf der Straße macht, weil er das meistens im negativen Kontext, oder ausschließlich im negativen Kontext meint und ich kann mich da reclaimen und das gleiche gilt für Wörter wie queer, oder ganz oft fängt diese Debatte über Nicht-Binärität an. In der Gesellschaft wird es oft als der neue Trend nach dem vegan Sein dargestellt, ganz böse gesagt. Diese Darstellung ist schlichtweg falsch und zutiefst diskriminierend sowie respektlos, wir haben endlich einen Raum gefunden, wo wir frei existieren dürfen und wo wir dennoch immer noch zensiert werden, aber immer mehr hervorkommen dürfen und auf einmal, wie hier in Karlsruhe auf dem Marktplatz zelebrieren dürfen. Vor zwanzig, vor 50 Jahren ging das ja noch gar nicht. Deshalb ist es neu, dass wir den Platz haben, aber wir waren schon immer da.

Wie siehst du die Angst von Heteroeltern, die ihre Kinder auch als Heteros erziehen wollen, dass ihre Kinder plötzlich überfordert werden mit diesen Themen?

(Wir stoppen das Interview, da zwei Kinder mit Miss Jacuzzi ein Foto machen wollen.)

Okay das waren jetzt eindeutig Eltern, die keine Angst davor haben. (Lachen). Die Debatte hast du sicher mitbekommen: die Sendung mit der Maus, da gab es heftige Reaktionen nach der Sendung und ich beobachte es im eigenen hetero-Freundeskreis, dass sich Eltern überfordert gefühlt haben. Sie wollen noch nicht, dass sich das eigene Kind, mit fünf Jahren, so was reinziehen muss. Das sei zu früh. Jemand meinte hier auf dem CSD, man kann auch einfach den Fernseher ausschalten, wenn man das nicht möchte, wie siehst du das?

Der springende Punkt wurde gerade gesagt, es ging um die Eltern, nicht um die Kinder. Die Eltern haben sich unwohl gefühlt, die Eltern haben gedacht, vielleicht kommen Fragen auf, die ich nicht beantworten will, oder kann und es geht im ersten Punkt nicht um die Kinder. Das finde ich, ist das Schwierige bei der ganzen Debatte, auch so ein bisschen das Verwerfliche. Eltern fühlen sich unwohl, aber statistisch gesehen, in unserer Generation sind wir gerade bei 15- 20% der jungen Menschen, die sich selbst als queer Labeln. Das heißt, wenn es auch nur 10% sind, jeder zehnte Haushalt, hat ein Kind, das genau diesen Content braucht. Ob sich die Eltern damit wohlfühlen, oder nicht, im Idealfall fühlen sie sich wohl, oder wissen etwas darüber, aber ob sich die Eltern wohl fühlen, ist nicht wichtig hier. Es geht darum, dass ein kleines Kind, egal wie alt es ist, oder ein Jugendlicher diesen Content sieht, und sieht, dass dieser Mensch nicht alleine ist, sondern, dass es ein Thema ist, das viel zu wenig angesprochen wird. Ein Thema, das leider von Eltern falsch angegangen wird, da wird aus einer Mücke ein Elefant gemacht, um es auf den Punkt zu bringen, weil die meisten Kids damit gar keine Probleme haben, wie man es auch gerade gesehen hat, als die zwei Kids mit mir ein Bild machen wollten. Die Kinder sehen das so, wie es ihnen beigebracht wird und wenn die Eltern es nicht problematisieren, sehen die Kinder das auch nicht als Problem. Aber wenn die Eltern das Tabuisieren und sagen, die Sendung mit der Maus darfst du nicht schauen und krampfhaft Argumente suchen, die am Ende transphob oder homophob sind, klar haben wir dann Homophobie, Transphobie, oder Probleme bei Comingouts.

Die Kritik der Heteros bezogen auf deine Aussage, dass 15- 20% der Jugendlichen sich als queer bezeichnen, ist auch unter anderem, dass es eine Modeerscheinung sei. Wie würdest du da argumentieren?

Ich glaube nicht, dass es eine Modeerscheinung ist. Jugend ist dafür bekannt sich auszuprobieren und sich als queer zu identifizieren, bietet einfach wahnsinnig viel Freiheit. Ob man sich für den Begriff queer für immer entscheidet, oder der Begriff für das nächste Jahr ist, Sexualität ist fluide, Geschlecht ist fluide, Sachen können sich verändern. Es ist okay, wenn sich Sachen verändern und wir müssen einfach alle ein bisschen lockerer werden, was unsere Sexualität und unser Gender angeht, vielleicht auch akzeptieren, dass sich jemand von lesbisch auf bisexuell auf einmal outet, oder andersherum. Das ist kein Trend, das ist das Leben, wir sollten einfach happy sein, wenn Leute ihr Glück finden und nicht direkt bashen. Das ist so eine traurige Erscheinung in unserer Gesellschaft, statt dass wir uns freuen, dass sich Leute lieben, sagen wir, das ist jetzt ein Trend, wenn das ihr Glück ist, dann wünsche ich ihnen herzlichen Glückwunsch!

Was wünschst du dir für die Community?

Ich wünsche mir für die Community, dass wir endlich inklusiv werden. Gerade in vielen TV-Produktionen, oder auch im Pridemonth. Pinkwashing ist das große Statement und ganz oft ist der heteronormativ geprägte gay-cis-Mann, der gleichzeitig weiß gelesen wird, relativ gut repräsentiert, aber geht es mal um Rechte von Frauen und Transmenschen, oder Thema Intersektionalität, POCs, queere Geflüchtete, haben wir noch so viel Arbeit vor uns und ich würde mir einfach wünschen, dass wir als Community endlich zusammen stehen und das zusammen anpacken.

Bist du auch selbst aktiv?

Ich würde schon sagen, dass ich als queerer Mensch mit Migrationshintergrund versuche das aktiv mit einzubringen und die Shows, in denen ich auftrete, oder mitveranstalteten darf, schaue, dass ich eine große Bandbreite an Artists, Features einlade, bzw. um wirklich zu zeigen, dass auch eine Dragqueen mehr als ein weißer schwuler cis-Mann ist, sondern das kann auch eine Transfrau sein, es gibt auch Dragkings, oder Dragartists, die sich gar nicht als männlich oder weiblich kategorisieren und das ist wichtig und verdient genauso eine Bühne.

Was kann die Gesellschaft noch tun?

Macht euch locker! Ich glaube Sexualität und Gender, egal ob es einen betrifft, oder nicht, die Debatte um das Innensternchen, seht es locker! Wir sind alle Menschen, wir machen alle Fehler, ich bin selbst queer, ich verbocke manchmal selber gendergerechte Sprache, es ist vollkommen okay Fehler zu machen, solange wir das einsehen und einfach schauen, dass es das nächste Mal nicht passiert. Wenn wir einfach jedem den Raum geben Fehler zu machen und zusammenwachsen, uns gegenseitig zuhören, dann haben wir die Probleme in 20 Jahren gar nicht. Wir sind alle menschlich, es liegt in unserer Natur Fehler zu machen und aus diesen zu lernen, das ist unsere größte Verbindung.

Ich danke allen Interviewees für ihre Offenheit, Klarheit und ihren Mut, von denen ich mir eine Scheibe abschneiden werde.

Sara Ehsan, wurde 1977 in Schahrud, Iran geboren und wuchs in Teheran und Karlsruhe auf. Sie studierte Literaturwissenschaft, Europäische Kunstgeschichte und Iranistik in Heidelberg. Heute arbeitet sie als Autorin, Antidiskriminierungsberaterin und Übersetzerin. Bisher veröffentlichte sie mehrere Gedichtbände, unter anderem *Deutschland Mon Amour* (2011), *Bestimmung/Calling* (2020), *Un-Liebesgedichte & Un-Love Poems* (2022) mit Alexander Carberry sowie zusammen mit Alain Alfred Moutapam *Das Flüstern der Anderen* (2022), wofür sie das MWK-Künstlerstipendium des Landes Baden-Württemberg erhielt. Sie ist Tour des Textes-Stipendiatin für ihren Dramentext *Mediha auf der Flucht* (2022).

www.saraehsan.de

Kante, 2020, Holzschnitt, 42 x 60 cm

Krise: Neuerscheinungen

BÜCHER

Hoffmann, Christiane: Alles, was wir nicht erinnern. Zu Fuß auf dem Fluchtweg meines Vaters.

Roman, C. H. Beck Verlag, München 2022, 274 Seiten, 22 €

Christiane Hoffmann erzählt von der Flucht ihres Vaters aus Schlesien und ihrem eigenen Versuch, seinen Weg nachzuempfinden. So geht sie in seiner Nachfolge die Strecke zu Fuß, in umgekehrter Reihenfolge, besucht dieselben Orte, spricht mit den Menschen und stellt die Frage, was Flucht, Vertreibung und der Verlust von Heimat für die Menschen und auch die nachfolgenden Generationen bedeuten.

BÜCHER

Zhadan, Serhij: Himmel über Charkiw. Nachrichten vom Überleben im Krieg.

Erfahrungsbericht, aus dem Ukrainischen übersetzt von Juri Durkot, Sabine Stöhr und Claudia Dathe, Suhrkamp Verlag, Berlin 2022, 239 Seiten, 20 €

Der ukrainische Schriftsteller Serhij Zhadan teilt täglich seine Erlebnisse und Bilder aus der umkämpften Stadt Charkiw in den sozialen Medien. Seine Fotos und Berichte, auch über die Hilfsarbeiten, die er selbst leistet, sind in diesem Band chronologisch abgedruckt. Zhadan erhielt hierfür den Friedenspreis des Deutschen Buchhandels 2022.

Masala, Carlo: Weltunordnung. Die globalen Krisen und die Illusionen des Westens.

Sachbuch, C. H. Beck Verlag, München 2022, 199 Seiten, 16,95 €

Carlo Masala sieht die Grundlagen der westlichen Außen- und Sicherheitspolitik auf dem Prüfstand, besonders seit der Niederlage in Afghanistan sowie den Kriegsgeschehnissen in der Ukraine. Masala geht der Frage nach, welche Herausforderungen auf Deutschland und ganz Europa zukommen können und mit welchen Mitteln man diesen begegnen kann.

BÜCHER

Atai, Golineh: Iran. Die Freiheit ist weiblich.

Erzählband, 2. Auflage, Rowohlt Berlin Verlag, Berlin 2021, 320 Seiten, 22 €

Golineh Atai schildert die Situation im Iran. Das Land wird seit mehr als vierzig Jahren von dem Gottesstaat der Mullahs im Griff gehalten, welcher jede demokratische Regung unterdrückt. Atai nimmt dabei die Perspektiven neun verschiedener Frauen auf und erzählt deren Geschichten. Hochaktuell angesichts der Protestbewegung, welche momentan im Iran stattfindet.

Can, Safiye: Poesie und Pandemie.

Gedichtband, Wallstein Verlag, Göttingen 2021, 96 Seiten, 18 €

Safiye Can kleidet unterschiedliche Pandemien wie Diskriminierung, Rassismus, Benachteiligung von Frauen ebenso wie Covid-19 und die Liebe mit ihren fein gewebten Versen in ein neues Gewand. Mit ihrer Lyrik geht sie der Frage nach, welche Konsequenzen diese Pandemien haben und wie sie uns verändern.

Lunde, Maja: Als die Welt stehen blieb.

Roman, aus dem Norwegischen von Ursel Allenstein, btb Verlag, München 2020, 224 Seiten, 16 €

Maja Lunde vergegenwärtigt das Covid-19-bedingte Lockdown-Szenario und die damit verbundenen Familienkrise: zwangsläufig muss die ganze Familie zuhause bleiben, im Home Office und mit Home Schooling nebenbei. Die Pandemie zwingt sie nun, eine neue gemeinsame Lebensweise zu finden.

Rogenhofer, Katharina/Schlederer, Florian: Ändert sich nichts, ändert sich alles. Warum wir jetzt für unseren Planeten kämpfen müssen.

Sachbuch, Paul Zsolnay Verlag, Wien 2021, 288 Seiten, 20 €

Katharina Rogenhofer und Florian Schlederer verbinden hier die persönlichen Erfahrungen ihres jahrelangen Engagements für Klimaschutz mit der aktuellen wissenschaftlichen Faktenlage. Dabei machen sie die Dringlichkeit unseres politischen Handels im vollen Umfang deutlich: Ändert sich nichts, ändert sich alles.

Wittig, Mirjam: An der Grasnarbe.

Roman, Suhrkamp Verlag, Berlin 2022, 189 Seiten, 23 €

Entschleunigung auf dem Land soll hier als Heilmittel gegen Angstattacken in der Großstadt dienen. Doch auch dort gibt es Bedrohungen, welche ebenfalls Ängste auslösen, dieses Mal jedoch klimabedingt. Wittig lässt gepaart mit der Klimakrise innere und äußere Bedrohungen aufeinandertreffen.

Stahlmann, Leona: Diese ganzen belanglosen Wunder.

Roman, dtv Verlag, München 2022, 400 Seiten, 22 €

In einer sterbenden Marschlandschaft lässt Mutter Leda ihren Sohn Zeno zurück, welcher sich an die noch so kleinen Wunder seiner Umgebung klammert und mit der Zeit eine Gemeinschaft von Menschen um sich schart, die des Großstadtlebens müde sind.

Stahlmann verschränkt hier Nature Writing, Climate Fiction und Gesellschaftskritik.

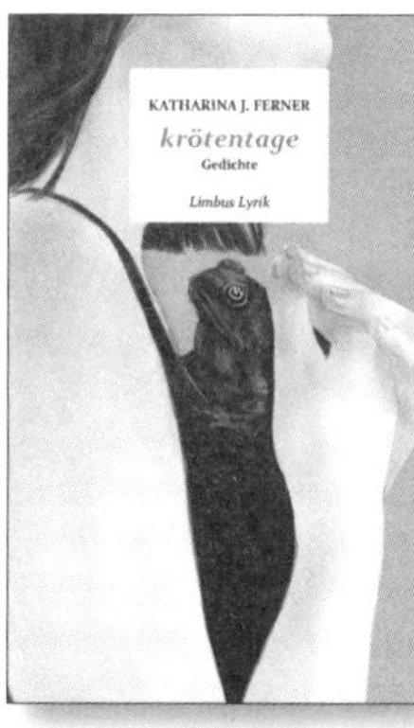

Ferner, Katharina J.: krötentage.

Gedichtband, Limbus-Verlag, Innsbruck 2022, 92 Seiten, 15 €

Katharina J. Ferner schreibt über die Liebe in all ihren Facetten, von Erfüllung und Miteinander, von Trennungen und schmerzlichen Erfahrungen, von Gewalt und existenzieller Verletzlichkeit. Ihre Lyrik zeigt sich dabei in gefühlvollem Dialekt, überraschenden Reimen du raffinierten Wortspielen.

Roschal, Slata: 153 Formen des Nichtseins.

Roman, Homunculus Verlag, Erlangen 2022, 176 Seiten, 22 €

Roschals Protagonistin befindet sich in einer Identitätskrise: Sie ist eine jüdische Deutsch-Russin, aufgewachsen unter Zeugen Jehovas, junge Mutter, Schriftstellerin und Wissenschaftlerin. Roschal schildert die Erforschung dieses Identitätspluralismus' und die Auseinandersetzung mit der Frage nach einer Definition und dem Wert des eigenen Daseins.

BÜCHER

Salzmann, Sasha Marianna: Im Menschen muss alles herrlich sein.

Roman, 2. Auflage, Suhrkamp Verlag, Berlin 2022, 24 €

Salzmann erzählt hier von Umbruchzeiten, von der Perestroika bis ins Deutschland der Gegenwart. Verbunden mit den Lebenswegen von vier Frauen schildert sie den Zerfall von Systemen und der Machtlosigkeit des Menschen im Angesicht der Ereignisse. Dabei folgt sie den Verstrickungen von Generationen, über Zeiten und Räume hinweg.

Scharmacher-Schreiber, Kristina/ Marian, Stephanie: Wie viel wärmer ist 1 Grad? Was beim Klimawandel passiert.

Sachbuch, Julius Beltz GmbH & Co. KG, Weinheim 2019, 96 Seiten, 16,95 €

Kindergerecht aufbereitet erläutern Kristina Scharmacher-Schreiber und Stephanie Marian die komplizierten Zusammenhänge und Folgen des Klimawandels in einem Sachbuch, das nicht nur für SchülerInnen geschrieben wurde, sondern auch für die die sich fragen, wieso sie freitags demonstrieren.

Duhamel, Bruno: Niemals.

Graphic Novel, aus dem Französischen übersetzt von Lilian Pithan, avant-verlag GmbH, Berlin 2021, 20 €

Das Haus von Madeleine und ihrem dicken Kater Balthazar an der Steilküste von Troumesnil ist in Gefahr! Mit einer Prise schwarzem Humor und einer kämpferischen alten Dame als Protagonistin setzt sich Bruno Duhamel in seinem Graphic Novel mit den Folgen der Klimakrise auseinander.

Eismann, Sonja: Wie siehst du denn aus? Warum es normal nicht gibt.

Bilderbuch, Julius Beltz GmbH & Co. KG, Weinheim 2020, 90 Seiten, 14,95 €

In einer Welt geprägt von Rassismus und weißen Schönheitsidealen setzt sich Sonja Eismann mit unterschiedlichen Körperformen und -farben auseinander, um Kindern entgegen den gesellschaftlichen Normen zu vermitteln, dass sie genau so wie sie sind richtig sind.

Farmehri, Ava: Im düstern Wald werden unsre Leiber hängen.

Roman, aus dem Englischen von Sonja Finck, Edition Nautilus GmbH, Hamburg 2020, 288 Seiten, 22 €

Iran 1999 – die zwanzigjährige Sheyda Porroyas sitzt im Todestrakt eines Gefängnisses und wartet auf ihre Hinrichtung. Ava Farmehris Buch handelt von einer

Frau in einem unterdrückenden Land und von Freiheit über den Tod hinaus.

Stuart, Douglas: Shuggie Bain

Roman, aus dem Englischen übersetzt von Sophie Zeitz, Hanser Berlin in Carl Hanser Verlag GmbH & Co. KG, Berlin 2021, 496 Seiten, 26 €

Schon einmal ging die Wirtschaft in England zugrunde, als die Premierministerin Margaret Thatcher in den 1980ern eine neoliberale Revolution startete, deren Auswirkungen bis heute überall im Land spürbar sind. Shuggie Bain wird in die Armut eines von ihr gezeichneten Glasgows geboren, mit der Aufgabe, seine dem Alkohol verfallene Mutter zu retten.

BÜCHER

Bansch, Helga: Drei Herren.

Bilderbuch, TYROLIA Gesellschaft m. b. H., Wien 2020, 26 Seiten, 16,95 €

Durch die steigenden Preise und die Energiekrise werden auch Kinder immer mehr mit Themen wie Armut oder Obdachlosigkeit konfrontiert. Helga Bansch erläutert in ihrem Bilderbuch eindrücklich und wertfrei, was es bedeutet, arm zu sein und dass Glück nicht immer mit Geld zusammenhängt.

Höfler, Stefanie: Feuerwanzen lügen nicht

Kinderbuch, Beltz & Gelberg, Weinheim 2022, 234 Seiten, 15 €

Nits glaubt Mischa alles, bis er eines Tages über Lügen stolpert und sich ihm ein ganz anderes Bild von seinem Freund und dessen fatalen Familiengeheimnissen

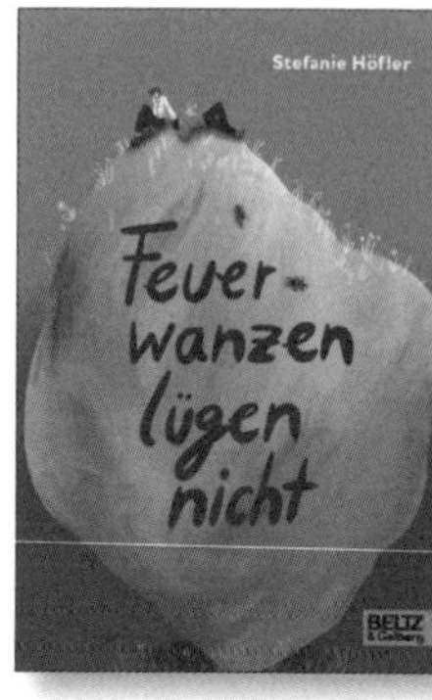

auftut. In ihrem Kinderroman schildert Stefanie Höfler eindrücklich und aufwühlend von einer Freundschaft, die Armut, Scham und Ungerechtigkeit überstehen muss.

kurzform

Ulrich Blumenbach wurde mit dem **Paul-Celan-Preis 2022** ausgezeichnet. Die mit 20.000 Euro dotierte Auszeichnung wird seit 1988 von dem Deutschen Literaturfonds vergeben und durch die Beauftragte der Bundesregierung für Kultur und Medien gefördert. Der Übersetzer erhielt den Preis am 28. November 2022 im Literarischen Colloquium in Berlin für seine aktuelle Übersetzung von Joshua Cohens *Witz* (2010), welche die Jury als ein „außergewöhnliches Sprachkunstwerk" versteht, das „in seinem Assoziationsreichtum und seiner Vielstimmigkeit dem Original in nichts nachsteht".

Am 18. Mai 2022 erhielt der Autor und Schauspieler **Edgar Selge** im Fuldaer Stadtschloss für seinen Roman *Hast du uns endlich gefunden* (2021) den **Literaturpreis der Stadt Fulda 2022**. Die Stadt Fulda vergibt den mit 10.000 Euro verbundenen Preis seit 2019. Selge wirkte in zahlreichen Kino- und TV-Produktionen mit, darunter *Rennschwein Rudi Rüssel* (1995), *Inside Wikileaks – Die fünfte Gewalt* (2013) und *Polizeiruf 110* (1998-2009). *Hast du es endlich gefunden* ist sein schriftstellerisches Debüt.

Der **Literaturpreis der Konrad-Adenauer-Stiftung 2022** wurde am 3. Juli 2022 im Weimarer Musikgymnasium Schloss Belvedere an die Schriftstellerin **Barbara Honigmann** verliehen. Die mit 20.000 Euro dotierte Auszeichnung wird an Autorinnen und Autoren vergeben, die der Freiheit das Wort geben. Honigmann, die als Kind jüdischer Remigranten in Ostberlin aufwuchs, feierte ihr schriftstellerisches Debüt mit der Erzählsammlung *Roman von einem Kinde* (2001). Sie veröffentlichte zahlreiche Bände, zuletzt den Roman *Georg* (2019) und den Essayband *Unverschämt jüdisch* (2021), welcher die jüdische Perspektive der Autorin auf „die großen politischen Verwerfungen des 20. Jahrhunderts" widerspiegelt und „in besonderer Weise die Fragen nach Identität und Fremdheit, nach Integration und Ausschluss" aufwirft. Der Literaturpreis-Jury der Konrad-Adenauer-Stiftung zufolge porträtiert Barbara Honigmann mit „Witz und leichthändigem Humor, in lapidarer Klarheit, ohne ‚das Unmögliche, das Unstimmige" auszuklammern, [...] das literarische Gesicht unserer Zeit".

Der **Mara-Cassens-Preis 2021**, welcher jährlich vom Literaturhaus Hamburg verliehen wird, wurde am 12. Januar 2022 im Literaturhaus Hamburg an **Stefanie vor Schulte** verliehen. In deren Romanerstling *Junge mit dem schwarzen Hahn* (2021) sieht die Jury „eine faszinierende, mitreißende Geschichte, die voller poetischer Kraft steckt und mittels einer auf das Wesentliche reduzierten Sprache Bilder erzeugt, die das Buch zum besten Romandebüt des Jahres machen". Der Mara-Cassens-Preis prämiert den besten deutschsprachigen Romanerstling mit 20.000 Euro.

Der Stuttgarter Autor **Thomas Thiemeyer** erhielt am 27. November 2021 für seinen Roman *WorldRunner. Die Jäger* (2020) die **Ulmer Unke 2021, Literaturpreis der Stadt Ulm**. Die Jury der Ulmer Unke besteht ausschließlich aus Kindern und Jugendlichen, die jährlich die besten Kinder- und Jugendbuch-Neuerscheinungen wählen. Kurz zuvor wurde Thiemeyer für den Band bereits mit der mit 2.000 Euro dotierten Goldene Leslie 2021, ausgezeichnet, dem **Jugendliteraturpreis des Landes Rheinland-Pfalz**, welcher vom Ministerium für Wissenschaft, Weiterbildung und Kultur Rheinlandpfalz vergeben wird.

Mit dem **Hermann-Hesse-Literaturpreis 2022** wurde **Sasha Marianna Salzmann** für den Roman *Im Menschen muss alles herrlich sein* (2021) ausgezeichnet. Der mit 15.000 Euro prämierte Preis wird seit 1957 vergeben. Salzmann verarbeitet in ihren Texten in „bestechenden, einfühlsamen Bildern […] die Dilemmata migrantischer und postmigrantischer Biografien". Den mit 5.000 Euro dotierten Förderpreis erhielt der Schriftsteller und Übersetzer **Steven Uhly** für den Roman *Die Summe des Ganzen* (2022), in dessen Zentrum „ein Mensch [steht], der ‚unterm Rad' landet, sich aber in literarischer Weise wieder aufrichtet". Die Preisverleihung fand am 4. November 2022 im Bürgersaal des Karlsruher Rathauses statt. Ebenfalls an Sasha Marianna Salzmann ging zuvor der mit einem Preisgeld von 20.000 Euro verbundene **Preis der Literaturhäuser 2022**. Damit wurde Salzmann am 11. Mai 2022 im Literaturhaus Stuttgart vom Netzwerk der Literaturhäuser ausgezeichnet.

Der **Schiller-Gedächtnis-Preis 2022** des Landes Baden-Württemberg wurde am 11. November 2022 in Marbach an **Julia Franck** vergeben. Die mit 25.000 Euro dotierte Auszeichnung wird seit 1955 alle drei Jahre anlässlich Friedrich Schillers Geburtstag verliehen. Franck erhielt den Preis für ihr literarisches Schaffen als „Meisterin der Autofiktion der deutschen Literatur". Zu ihren Veröffentlichungen zählen unter anderem der unter dem Titel Westen verfilmte multiperspektivische Roman *Lagerfeuer* (2003), der mit dem Deutschen Buchpreis 2007 ausgezeichnete Roman *Die Mittagsfrau* (2007) sowie der Roman *Rücken an Rücken* (2011). Zuletzt erschien ihr autobiografisch grundierter Roman *Welten auseinander* (2021). Über die **Förderpreise für junge DramatikerInnen**, welche jeweils mit 7.500 Euro dotiert sind, durften sich **Ewe Benbenek** für ihr Debüt *Tragödienbastard* (2020) und **Anne Haug** für ihr Stück *MILF* (2022) freuen.

Den mit 25.000 Euro dotierten **Ingeborg-Bachmann-Preis 2022** gewann **Ana Marwan** für ihren Text *Wechselkröte*. Der Bachmann-Preis gilt als eine der wichtigsten Auszeichnungen für deutschsprachige Literatur und wird im Rahmen des dreitägigen Literaturwettbewerbs der *Tage der deutschsprachigen Literatur* vergeben. Marwan, welche als gebürtige Slowenin sowohl auf Slowenisch als auch auf Deutsch schreibt, veröffentlichte mit *Der Kreis des Weberknechts* 2019 ihren Debütroman. Neben Marwan als Gewinnerin des Hauptpreises durfte sich **Alexandru Bulucz** über den mit 12.500 Euro verbundenen Deutschlandfunk-Preis freuen. **Juan S. Guse** erhielt den mit 10.000 Euro prämierten Kelag-Preis, **Leon Engler** wurde mit dem mit 7.500 Euro dotierten 3sat-Preis ausgezeichnet. Der Publikumspreis der BKS Bank (7.000 Euro) sowie das Stadtschreiber-Stipendium der Stadt Klagenfurt (5.000 Euro) wurden an **Elias Hirschl** vergeben.

Emine Sevgi Özdamar erhielt den **Georg-Büchner-Preis 2022**. Die mit 50.000 Euro dotierte Auszeichnung wird seit 1951 als Literaturpreis an herausragende deutschsprachige SchriftstellerInnen vergeben, welche einen merklichen Einfluss auf das deutsche Kulturleben haben. Mit Özdamar zeichnet die Deutsche Akademie für Sprache und Dichtung eine „herausragende Autorin aus, der die deutsche Sprache und Literatur neue Horizonte, Themen und einen hochpoetischen Sound verdankt". Der Büchner-Preis gilt als renommiertester Literaturpreis im deutschen Sprachraum und wurde Özdamar am 5. November 2022 im Staatstheater Darmstadt verliehen.

Seit 1950 verleiht der Börsenverein des Deutschen Buchhandels den mit einer Summe von 25.000 Euro dotierten **Friedenspreis des Deutschen Buchhandels**, welcher die „Verpflichtung des Buchhandels [verdeutlichen soll], mit seiner Arbeit der Völkerverständigung zu dienen". Die Preisverleihung findet traditionell am Sonntag der Frankfurter Buchmesse statt. 2022 wurde der Friedenspreis am 23. Oktober an den ukrainischen Schriftsteller **Serhij Zhadan** für sein Buch *Himmel über Charkiw. Nachrichten vom Überleben im Krieg* (2022) verliehen. Zhadan berichtet darin über seine Hilfsarbeit in der umkämpften Stadt Charkiw. „Das Schreiben widerspricht dem Tod" heißt es an einer Stelle. Auch in seiner Dankesrede betont Zhadan die Relevanz von Sprache und Schreiben in Krisenzeiten: „Solange wir unsere Sprache haben, so lange haben wir immerhin die vage Chance, uns erklären, unsere Wahrheit sagen, unsere Erinnerung ordnen zu können. Deswegen sprechen wir und hören nicht auf."

Der **Wilhelm-Raabe-Literaturpreis** wird von Deutschlandradio/Deutschlandfunk gemeinsam mit der Stadt Braunschweig vergeben und ist mit einem Preisgeld von 30.000 Euro verbunden. Im Jahr 2022 ging die Auszeichnung an den tschechisch-deutschen Autor und Übersetzer **Jan Faktor** für seinen Roman *Trottel* (2022) und wurde ihm am 6. November 2022 im Braunschweiger Staatstheater überreicht. Zu Faktors bisherigen Veröffentlichungen zählen vor allem kürzere experimentelle Texte, Gedichte und Essays. Mit dem Roman *Georgs Sorgen um die Vergangenheit oder Im Reich des heiligen Hodensack-Bimbams von Prag* erreichte er 2010 die Short List des Deutschen Buchpreises, was ihm mit *Trottel* im Jahr 2022 erneut gelang.

Sven Pfizenmaier wurde am 20. Oktober 2022 der **aspekte-Literaturpreis** des ZDF im Rahmen der Frankfurter Buchmesse verliehen. Die mit einer Dotierung von 10.000 Euro verbundene Auszeichnung würdigt seit 1979 das beste deutschsprachige Prosadebüt. Pfizenmaier erhielt den Literaturpreis für seinen 2022 veröffentlichten Roman *Draußen feiern die Leute*.

Der ukrainische Schriftsteller **Andrej Kurkow** erhielt den **Geschwister-Scholl-Preis 2022**. Ausgezeichnet wurde er für sein Buch *Tagebuch einer Invasion* (2022), aus dem Englischen übersetzt von Rebecca DeWald. Der Geschwister-Scholl-Preis mit einem Preisgeld von 10.000 Euro wird gemeinsam vom Landesverband Bayern e.V. des Börsenvereins des Deutschen Buchhandels mit der Landeshauptstadt München vergeben und würdigt jedes Jahr eine Veröffentlichung jüngeren Datums, welche „von geistiger Unabhängigkeit zeugt und geeignet ist, bürgerliche Freiheit, moralischen, intellektuellen und ästhetischen Mut zu fördern und dem verantwortlichen *Gegenwartsbewusstsein* wichtige Impulse zu geben". Die Preisverleihung fand am 28. November 2022 an der Ludwigs-Maximilians-Universität München statt.

Mit dem **Deutschen Buchpreis** zeichnet der Börsenverein des Deutschen Buchhandels jährlich zum Auftakt der Frankfurter Buchmesse den deutschsprachigen „Roman des Jahres" aus. Im Jahr 2022 wurde die mit 25.000 Euro dotierte Auszeichnung an **Kim de l'Horizon** für den Roman *Blutbuch* (2022) vergeben. De l'Horizons Debütroman ist die Suche nach einer eigenen, von Geschlechterzuordnungen befreiten Sprache, welche sich erzählerisch um die eigene Großmutter ansiedelt. Die Preisverleihung fand am 17. Oktober 2022 im Kaisersaal des Frankfurter Römer statt.